欧州社会保障政策論

――社会保障の国際関係論――

岡　伸一　著

晃洋書房

はじめに

社会保障は、本来的に国内政策の一環である。どこの国の『社会保障論』も、基本的にはその国の国内の社会保障を論じている。各国の社会保障は、国によって独自の運営を行っている。欧州の特定国の社会保障に関する研究はたくさんあるが、欧州全体を論じるものは数少ない。本書は、その意味ではチャレンジである。欧州全体を見通して、さらに、国際的な組織であるEUと欧州評議会の社会保障政策を検討する。

社会保障論の研究を志したのは一九八〇年頃であった。あれからもう三五年が経過した。アメリカやフランス等の社会保障に新鮮さを感じてこの道に入り、気が付けばかなりの紆余曲折を経て、国際比較から国際社会保障論の研究にたどり着いた。いろいろな国々の、いろいろな制度に興味を覚えた。一度は、開発途上国の社会保障の研究にも着手したこともあったが、やはり自分の関心は欧州にあった。欧州の社会保障の研究がやはり楽しい。偽らざる本音である。

特に、EUの研究は社会保障領域も含めてある程度蓄積されてきたが、欧州評議会については日本での研究は極めて少ないという現実がある。政治学や法学の一部の研究領域において欧州評議会が扱われることがあるが、社会保障に関しては欧州評議会の研究はほとんどまとまったものが存在しない。

欧州に限らず、国際的な社会保障政策を展開しているのは、ILO（国際労働機関）である。開発途上国も含めた世界中の国々を対象とする。しかし、圧倒的多数の社会保障後進国を含み、その政策内容は妥協せざるを得なくなる。欧州を対象に限定すると、全く異次元の国際社会保障法の内容になる。

欧州評議会とEUは、非常に興味深い関係にある。欧州全体を一つの単位として、社会保障を論じることはこれまでほとんどなかったものと思われる。本書は概説書であるが、「社会保障の国際関係論」の構築を試みている。現在のグローバル化社会において、本テーマはますます重要度を増すと思われる。今後の若い研究者によるフォローを期待したい。

本書の出版に際しては、二〇一五年度の明治学院大学学術振興基金から出版補助を受けている。学院の寛容なるご支援に、改めて感謝の意を表したい。また、今回は晃洋書房の丸井清泰氏と阪口幸祐氏に企画の段階から編集にいたるまで多大なご尽力を得た。ここにお礼申し上げたい。

二〇一五年クリスマスに

於、白金キャンパス

著　者

目次

第II部　欧州評議会の社会保障政策

第Ⅲ部　ＥＵの社会保障政策

評価と展望

第Ⅰ部　欧州における社会保障

社会保障の理論と実践において、世界に先駆けて進んでいるのは、やはり欧州である。第Ⅰ部では、欧州の社会保障について総括的に整理していきたい。欧州を一つの単位として、社会保障がどのような理念に基づき、どのように発展してきたか。他方で、各国の国内事情に基づいて、主要な国々の社会保障がどのような特徴をもっているか。第Ⅱ部の欧州評議会、第Ⅲ部のＥＵの社会保障政策の前提となる基本情報を提供するのが第Ⅰ部である。

第1章 欧州社会保障政策論の射程

1 国内政策から国家間政策へ

本書は、欧州全体を一つの単位として、社会保障を論じることが目的である。欧州の社会保障を取り上げることには特別な意義がある。最初に、その意義から明らかにしていきたい。

社会保障は、元来、国内政策の一環を構成するものであった。社会保障制度の対象は、日本では当初「国民」であった。「国民」とは、正確には日本国籍取得者を意味する。したがって、外国人はこの段階で対象から除外されることになる。

先進諸国の社会保障の適用条件を概観すると、そこには「国籍」はほとんど見られない。多くの場合、居住者、あるいは、就労者であろう。社会保障に関しては、「国籍」はもはや意味のない要素となりつつある。

ここでいう「居住者」とは、住民登録して居住が認められている人を意味する。「市民」と言った方が一般的であろう。ただ、たまたまある時点で、その場にいても、合法的に長期滞在が認められていない人は「居住者」とはならない。仮に実際に長年居住していても、合法的に滞在が認められていない場合は、不法滞在となり、公式には「市民」や「居住者」ではない。行政に認知されていない人は、保護の対象とはならないのが、一般的である。

欧州、特にＥＵ加盟国とその周辺国も一部含めて、人の自由移動が保障されている。ＥＵは共同市場の形成を目指し、域内の労働者の自由移動を政策的に推し進めてきた。それによって、欧州全体の経済力の拡大につながると理解されてきた。

社会保障が国内政策に限定されていることは、労働者の国境を越えた自由移動の障害になる。仮に、母国以外の国々で就労した場合、社会保障の適用上の問題があり、不都合があれば、外国での就労は辞める方向に向かうであろう。逆に、国外で就労しても、社会保障に限らず何も不都合が生じなければ、就労が促進されることになる。ＥＵ加盟国では、各国が社会保障における不利益を生じさせないように協力し、連携していかなければならない。

社会保障制度の「整合化」は、国外で就労する労働者の社会保障上の問題を解決する手段であり、ＥＵの社会保障政策の根幹をなしている。欧州評議会も手段は若干異なるが、同様の使命を担ってきた。他方、各国の社会保障制度の「調和化」も展開されてきたが、各国の社会保障制度を統合、統一していくことは、困難であるし、当面、即実現しなくても良いことである。

この欧州におけるＥＵと欧州評議会が中心となって担ってきた社会保障政策は、各国の社会保障の国際関係を扱うものである。社会保障は国内政策であったが、もはや、この段階では国家間の関係、国際関係の次元に達したことになる。

日本では、これまで社会保障の国際比較は少なからず展開されてきた。しかし、各国の社会保障の国際関係については、ほとんど議論されたことがない。その大きな理由は、日本が社会保障の領域では他の国々と緊密なかかわりを持っていなかったからであろう。極東アジアの島国にあって、社会保障における交流が乏しく、必要性も感じられなかったのが背景にあろう。

本書では、欧州諸国における社会保障政策をテーマとするが、このテーマを取り上げる意義について、予め触れておきたい。一つには、欧州は世界でも最も社会保障が進展している地域であるということである。最も先進の福祉国家間の社会保障政策であることである。世界中でこのような環境にある地域は他にはない。

もう一つの意義は、欧州が人の自由移動を一貫して進めてきた地域であることである。孤立した社会ではなく、人の移動がダイナミックに行われている諸国間での社会保障政策であることは特筆すべきことである。周知のとおり、世界同時不況下にあって、さらなる自由化の必要性が先進諸国で共通に認識されている。社会保障においても、グローバル化対応が必要になってきていることは、誰もが認めるところである。そして、人が自由移動する社会は、将来の世界中が目指すべき方向性でもある。

2　なぜ、社会保障は欧州で発展したのか？

社会保障は欧州において誕生し、発展してきた。この事実を否定する人は恐らくいないであろう。何故、欧州で社会保障が誕生したのか、その理由についてはいろいろ考えられる。第一に、欧州は近代国家が最初に確立された地域である。中世の絶対主義時代に、絶大な権力を持つ国家が形成された。イギリスやフランスのように絶大な権限を持った中央政府が現れた。国内全域を統括している国家でなければ、社会保障は成り立たない。

特定の地方の支配者が、当該地域内で福祉的な施策を行ったことは各国の歴史上伝えられてきた。だが、それは当該地域の支配者の個人的な行為であり、その個人の失脚や死亡、諸事情によって、制度は廃止されてしまうことが一般的である。それでは普遍的な社会保障とは言えない。通常、法律に基づいて全国的に施行され、長年安定的に施行されるものが社会保障とみなされる。

その意味では、法的権限が明確な中央集権国家が存在し、全国的な行政組織を持つ近代国家の誕生が、社会保障の前提条件となる。イギリスのエリザベス女王が、一六〇一年に世界ではじめて救貧法を制定したとされている。全国の貧民を救貧院に連れて行き、そこで労働を強制し、生活を保障する制度が出来上がった。その財源として、救貧税が徴収された。社会保障には必ずお金が必要である。社会保障の最初の歴史においても、財源の確保が重要性を示している。

生活困窮者の保護の必要性は、古くから認識されていた。近代国家はこのため公的扶助のような制度で対応した。広く国民から税金を徴収し、その財源に基づいて貧困者の救済を行った。

第二に、工業化社会が社会保障を必要とした。社会保障は欧州で誕生し、欧州で発展してきた。欧州では、社会保障は産業革命を経て、一九世紀後半に社会保険の導入という形で展開された。一八八三年の疾病保険に始まり、労災保険や老齢年金といった社会保険の導入が一挙に実現したのがビスマルクの統治していたドイツであった。これらの社会保険は、労働政策の一環として「飴と鞭」の政策の飴に該当する部分であった。産業革命を経て工業化が活発であった時期に、労働者の保護が必要とされたのであった。

イギリスにしろ、ドイツにしろ、資本主義経済が最も早くに発展した欧州が社会保障を同時に必要とした。工業化を実現していない開発途上国では、いまだに社会保障をあまり必要としていない場合も多い。

併せて第三に、欧州は労働運動の中心地であった。欧州は総じて労働組合運動が活発である。労働運動の成果の一つとして、社会保障が進展した。ＩＬＯの創設にも欧州の労働組合は貢献している。国際労働運動にも影響し、国際労働基準にも働きかけたのが欧州やアメリカの労働組合のリーダーであった。労働運動だけではない。女性運動や宗教運動、人権や人道主義の運動等、各種の社会運動が欧州で育まれてきた。これらの運動の成果が社会保障に結実したと言うこともできる。

第四に、欧州は階級社会である。富の格差が著しい社会である。こうした格差社会では、社会保障は重要な要素になる。社会的弱者の保護が必要であった。自由な社会は格差社会をもたらす。もともと階級社会である欧州は、格差社会でもある。恵まれない下層階級の市民は何らかの社会的保護を必要とした。社会保障は、各種格差の是正・緩和に大きく貢献してきた。

第五に、欧州はキリスト教社会であり、人道主義、人権問題への対応が尊重された。『聖書』にも記されているとおり、病人、障害者、幼子、老人等々、一般に社会的弱者とされる人たちに特別な配慮をキリスト教は与えている。教会や修道院等のキリスト教施設は、実際に福祉的な活動を展開してきたし、現在も続けている。

欧州に限らず、世界中の国々において、欧州の旧植民地国でキリスト教主義の影響を受けている国々は一般に社会保障が積極的に導入されている。仏教国、イスラム教国等に比べて、キリスト教国の社会保障はより成熟していると言えよう。社会保障の導入に際して、キリスト教的な価値観が影響を及ぼしていたとみなせよう。

3　国際的な人権保護、社会正義の展開

近代の市民社会は、立憲主義に基づき人権の保護を次第に重視してきた。一六八九年のイギリス権利章典、一七七六年アメリカの独立宣言、一七八九年のフランス人権宣言等は、その代表的な存在であり、各国の憲法においても国家における市民の権利保障が高らかに掲げられた。

こうした人権保護思想は、国内に限らず、国際的にも進展していった。一九一九年に創設されたＩＬＯは、「社会正義」を基礎として世界平和を展望した。一九四四年のフィラデルフィア宣言では「すべての人間は、人種、心

情、または性にかかわりなく、自由および尊厳並びに経済的保障および機会均等の条件において、物質的福祉および精神的発展を追求する権利を持つ」と宣言していた。

一九四五年の国際連合も、「人権、性、言語、または宗教による差別なく、すべての者のために人権および基本的自由を尊重するように助長奨励することについて、国際協力を達成すること」を組織の目的と規定した。続いて、一九四八年の世界人権宣言では、「すべての人間は、生まれながらにして自由であり、かつ、尊厳と権利において平等である」と一条で規定している。

世界人権宣言は、法的拘束力を伴うものではなかった。何らかの実行力を伴う条約をめざしていた国際連合は、一九五〇年に国際人権規約を採択した。国際人権規約は社会権規約と自由権規約の二つから構成されている。社会権規約では、人民の自決権、差別禁止を規定し、さらに、社会権の一つとして社会保障をすべての者の権利として規定している。

欧州では、欧州統合の動きに沿って、欧州全体で世界人権宣言の自由権の保護を進めようとして、一九五〇年に欧州人権条約が調印され、一九五三年より発効した。

4　国境を越えた人の自由移動

欧州のもう一つの特徴は、人の自由移動である。通常、国家と国家の間には検問所があり、人の出入りが管理・規制されている。国民は国境内の国土に固定化され、国境を越えるには隣接国の了承が必要となる。無断で勝手に侵入すれば、不法侵入となり、権利侵害となる。

ところが、ＥＵ加盟国においては、もはや検問所はほとんど存在しない。国境には何の障害も存在しない。以前は列車や道路の国境地点でパスポートチェック等が行われていたが、今では域内移動では何も行われなくなった。空港においても、ＥＵ加盟国のゲートに入ればフリーパスである。加盟国の市民は等しく、他の加盟国に移動が自由に認められている。移動の便宜だけではない。学校教育や労働、居住等に関して、当該国市民と加盟国市民は平等な待遇が保障されている。このような国家集団は地球上に他には存在しない。

改めて欧州の歴史を振り返ると、欧州は多民族が入り乱れ、交流を繰り返してきた。もともと多数の民族が欧州には併存し、紛争も絶えなかった。三七五年の民族大移動は歴史上有名な出来事であった。時代により、各王朝や国家は栄枯盛衰が繰り返されてきた。現在の人の自由移動の欧州の背景には、こうした民族間の長い歴史が存在していた。

欧州が何故、自由移動を構築したのか。歴史的な理由がある。欧州統合との関係から、自由移動が主張されてきた。欧州は歴史的に世界文明の中心であった。ところが、二度の世界戦争を経て気がついてみると、世界はアメリカとソビエトの二極構造に挟まれ、欧州の地位は落ちていた。欧州には比較的小さな国々が多数ひしめき合っている。各国間で競争しあっても、対米ソにとってはマイナスの意味しかない。小国が一体となって、米ソに対抗することが、欧州の生きる道だと理解され始めた。

労働者で言えば、国内の少ない労働力供給に依存するのではなく、国境を越えて自由に労働者が移動して就労できる環境の方が、欧州全体にとって経済の活性化につながる。不足する労働力を供給してもらった国にとっては、隣国の労働力によって産業が活発になる。他方、国内に余剰労働力を抱えていた国が隣国で雇用機会を得ることで、失業者が減り、賃金収入が流れ込んでくることになり、国内経済は好転する。両国にとって経済的な貢献を果たす。

5 欧州における地域格差

欧州と言っても、各国間の格差は著しい。北ヨーロッパと南ヨーロッパでは経済、社会の構造が全く異なる。西ヨーロッパと旧社会主義であった東ヨーロッパでもその格差は著しい。さらに、欧州でしばしば議論されることは、同じ国の中でも地域格差が著しいことである。どこの国においても多かれ少なかれ、国内の地域間格差の問題がある。欧州全体でも、共通する問題の一つである。

例えば、イタリアの南北格差は有名であるが、イタリアに限らず、各国はそれぞれ多様な格差構造を有している。平野部と山岳地域、海岸地域と内陸部、北欧で言えば、南に位置する都市部と極寒の北部地域、同国内でもかなりの格差がある。単に、経済的な格差に限らず、場合によっては民族が異なったり、言語も異なったり、複雑な問題が絡む場合も少なくない。

社会保障はこうした地域格差にも機能する所得再分配を組み込んだ制度である。つまり、比較的豊かな地域の富が比較的貧しい地域に再配分されるシステムとなっている。しかし、十分機能しているとは言い難い。社会保障の発展状況においても大きな相違がある。社会保障制度の制度化の程度、福祉施設の普及状況等、欧州全体ではかなりの相違がある。そんな中で、欧州評議会やEUが欧州全体で共通する政策を推進していくということは、遅れがめだつ国にとっては発展への大きな誘引になることは間違いない。周辺諸国がこぞって同じ条約を批准するようであれば、当該国も批准できるように努力するであろう。つまり、欧州評議会やEUの政策が、欧州全域に浸透していくことになろう。世界を見回しても、このような活動が展開されているのは他の地域では見られない。

欧州統合の活動は、経済的に弱い地域を高いレベルに引き上げようとする機能も持っている。社会保障に関しても同様である。より高い水準の福祉国家にむけて欧州全体が一緒に行動することになる。

第2章　欧州における社会保障の歴史

社会保障とは、比較的新しい領域である。国際社会保障は、社会保障の発展した段階を前提としており、より新しい領域であると言えよう。国際社会保障の歴史をみる前提として、社会保障そのものの歴史を簡単に概観しておこう。ただし、ここでは特定国の歴史をフォローするのではなく、世界を一つの舞台と想定した上で、社会保障制度の歴史をみていきたい。

1　社会保障の歴史

(1)　救貧法の成立

貧困問題は人類の歴史上おそらく当初から存在した問題であり、豊かな時代になった現在でも形を変えて存在している。将来においても、やはり、人類の永遠のテーマとなるであろう。貧困問題に対する人類の対応は、さまざまな次元で、多様な方法で、試みられてきた。その中で重要なのは、おそらく、宗教的な慈善活動であろう。周知のとおり、キリスト教の『聖書』は貧困者や障害者等の社会的弱者の救済を説いており、実際に教会は歴史的にも各種慈善活動を実行してきたし、また、現在でも政府の活動の行き届かない領域で、貴重な慈善活動を展開している。他の宗教においても多かれ少なかれ、同様の慈善活動は行われていたと想像できる。

宗教団体の他にも、いろいろな個人、各種団体、地方自治体、民間事業所等のレベルで福祉的な事業が随時行われてきた。例えば、ある地域の王や領主等の支配者が善意から互助的な共済制度を作った。中世のギルド社会では、同じ地域の同じ利害関係者の間である種の私的な共済制度を創設していた。その他にも、多様な試みがあった。ところが、これらの活動は偶然の特定個人や組織の理解に依存しており、個人が亡くなったり、組織が改革されたりすると廃止されてしまうため、長く続くことは稀であった。普遍的な救済が一般的なものとして制度化され、組織的に継続されていくには、やはり、国家の介入が必要であった。

社会保障の歴史は、一般的には、救貧法とともに始まる。確認されている世界でもっとも古い救貧法は、イギリスで一五三一年に制定された「乞食および浮浪者の処罰に関する法律」であった。この法律は一五四七年には貧民と労働不能者への救済を含むものへと改訂された。当時は、浮浪者は怠け者として、社会的に非難の対象とされてきた。そこで、就労の促進により、彼らを自活させることに主眼が置かれた。こうして、一六〇一年には有名なエリザベス救貧法が制定された。

以後、資本主義の発展に従って貧困者の問題も変化していった。救貧法も時代のニーズに応じて改正を繰り返してきた。産業革命を経て、労働者階級が都会に集中し、貧困問題も体制的に生み出されるようになってくると、労働能力がなく、扶養者もいない貧民の救済は国家の義務であると認識されるようになった。こうして、恩恵的な性格であった救貧法は、公共責任論に基づいた公的扶助に代わっていくことになる。一八九一年デンマークの公的扶助法が世界でもっとも古い試みであるとされている。

その後、各国で公的扶助やそれに類似する制度が導入されていった。だが、公的扶助制度は、現在でも制度化していない国も少なくないことは注意すべきであろう。開発地上国にあっては、国民の貧富の格差が激しく、少数の金持ちと多数の貧民から社会が成り立っている場合も多い。公的扶助が成立しにくい社会構成と言える。他方、労働者を対象とした社会保険の方が、適用は限定的ではあるが、導入しやすい側面もある。

(2) 各種自治制度

政府が行う公的扶助のような政策とは別に、特定集団によって各種自治的な保護制度も出現してきた。商工業者のギルド、同業者組合、職人組合、労働組合等が仲間との連帯的な制度として形成された。宗教的な組織と違い、ここでの制度は職業活動と密接に関わっていた。産業革命を経て、資本主義が発展してくると、都市部には労働者階級が形成され、何らかの社会的な保護が必要となってきた。例えば、農村では定年もなく年金など必要なかったが、工業労働者の間では定年後の老後所得保障として年金が必要となった。こうして、一九世紀に入ると産業レベルで各種保護制度が確立されていった。

周知のとおり、労働組合は各国において各種共済制度を設立し、組合員相互の互助として機能してきた。疾病、障害、失業、老齢等のリスクに対応する各種制度が労働組合を中心に実現していった。この段階では、まだ、各制度は特定地域内、職業内、企業内等の小規模組織に終始した。それでも、この時期の経験は以後の国家介入による社会保険の確立に大きな影響を及ぼしたことは事実である。

興味深いのは、共済制度と以後の社会保険の関係である。労働組合の不十分な共済制度を、補完し、統合し、発展させる形で社会保険が確立された場合が多いであろう。その場合は、労働組合の共済に関する役割は、社会保険によって代替されることで、急速に縮小されていった。他方、社会保険と共済の役割分担を明確にして、共存形態を続けていった事例もある。この場合には、労働組合は依然として共済制度に関して大きな権限を維持している。

(3) 社会保険の誕生

社会保障の次の発展段階は、ドイツで展開された。周知のとおり、ビスマルクは労働者保護政策の一環として世界ではじめて社会保険制度を導入した。一八八三年には疾病保険、一八八四年には災害保険、一八八九年には老齢・廃疾保険が立て続けに制度化された。救貧法がごく少数の貧民のみを適用対象としていたのに対して、社会保険はすべての労働者を対象に組み込んだ。

工業の発展が著しかった一九世紀末から二〇世紀はじめにおいては、労働者の保護としての社会保険は非常に重要な役割を担っていた。ほぼ同様の社会保険各制度は、これ以後二〇世紀初頭にかけて欧州大陸の各国で急速に普及していった。労働者階級の保護を目的としているため、健康保険や労働災害保険、年金等が重要視されていた。イギリスは、社会保険の導入には当初懐疑的であったが、比較的遅れて、一九一一年の国民保険法として、失業保険まで含めた総合的な社会保険を「国民保険」として成立させた。

その後、実は社会保険は多くの国において、戦争の前後、あるいは、戦中に導入されることが多かった。戦時中に戦費調達が困難となり、国民の生活の保障を理由に社会拠出させ、その基金を戦争に流用していたためではないかとも言われている。事実、多くの国々で、インフレの影響もあって、戦前の約束はすべて御破算となっている。安定した基盤を持った社会保険の成立は、第二次世界大戦以降にようやく実現していった。

(4) 社会保障の登場

救貧法と社会保険は別々の発展経緯を有するものであった。救貧法は公的扶助制度に姿を変え、社会保険とも密接な関係を持つようになってきた。両者を統合して「社会保障」という概念が初めて登場したのは、一九三五年のアメリカの社会保障法であった。さらに、一九三八年にはニュージーランドでも社会保障法が制定された。ただし、社会保障という言葉は使用されていなかったが、欧州諸国においても内容の上では、アメリカやニュージーランド以上の社会保険と公的扶助の制度を備えていたことは注意を要する。

現在のような社会保障が体系的に確立されたのは、第二次世界大戦以降であった。一九四二年のイギリスのベヴァリッジ報告は、戦後世界の平和な福祉国家の模範として、各国の社会保障に大きな影響を与えた。もちろん、ＩＬＯが社会保障の世界的な普及に際して果たした役割りも見逃すわけにはいかない。ベヴァリッジ報告に先駆けて、ＩＬＯは『社会保障への途』を刊行している。この書物において、「社会保険から社会保障へ」の基本方針が示され、世界中の国々に浸透していった。

大戦後の各国における経済成長は、各国に社会保障制度の発展をもたらした。公的扶助や社会保険、社会福祉等は、ともに機能を拡大しつづけてきた。また、企業福祉や民間福祉等、社会保障を取り巻く領域も発展してきた。

（５）植民地主義と社会保障の移植

古くから世界中に植民地が形成されてきた。多くの植民地は第二次世界大戦後に独立していった。かつて植民地であった開発途上国においては、戦後の社会保障の導入にあっては宗主国の影響が大きかったものと想像される。アジアやアフリカ、南アメリカの国々でも、比較的社会保障の制度が進展している国がある。これは植民地政策の名残であるとも考えられる。

開発途上国では、一般に社会保障の成立は遅れ、現在でも必ずしも十分な発展を遂げていない国々が多い。だが、細部を比較すると、同じ開発途上国でも社会保障はかなり制度化が異なっている。多かれ少なかれ、宗主国の影響を受けていると考えることに説得力がある。

また、独立後も旧宗主国との関係は多かれ少なかれ維持された。独立した国家の形成に際して、宗主国の社会保障体制が参考にされた部分も少なくないと思われる。教育、文化だけでなく、社会や国家体制に関しても、宗主国の影響は残るものである。

(6) 福祉国家の後退と多様化

世界中で、戦後の高度経済成長に裏打ちされた福祉国家体制が充実していった。ところが、世界レベルでの経済不況は、一転して社会保障の後退を導き、社会保障改革が進められるようになった。成長を続けてきた福祉は、急遽、後退を余儀なくされた。

国によっては、国民負担を拡大して充実した福祉国家を維持しようとした。多くの国々は福祉予算の抑制を強いられ、改革が続いている。「小さな政府」が叫ばれ、民営化や自己責任の原則が高らかに強調されてきた。福祉国家の内容と国民負担のバランスをどうとるのか、各国で議論が続いている。

経済不況の問題だけでなく、人口構成の少子・高齢化が社会保障に大きな影響を及ぼしている。経済的な負担をする人口が減少し、社会保障の恩恵に預かる高齢者等が増え続けている。高齢者の年金、医療、介護、福祉サービスは、各国で拡大を続けてきている。

2　国際社会保障の歴史

国際社会保障は、各国の社会保障の発展した段階で出現してきた。つまり、二〇世紀に入ったところで、先進諸国の間で移民への社会保障の適用問題の解決手段として、二国間の社会保障協定という形で、国際社会保障法が導入されたことから始まった。

（1）二国間の社会保障協定

世界最初の国際社会保障法といわれるのは、一九〇四年のフランス・イタリア社会保障協定であった。隣国である両国の間には、当時いろいろな問題があった。イタリア商品がフランスで自由に販売された。イタリアは物価が比較的安く、イタリアの商品の方がフランスの商品より安かった。労働条件はイタリアでは劣悪で賃金も低かった。職場の健康や安全衛生もイタリアでは劣悪な状況下にあった。そこで、フランス政府はイタリア政府に労働条件の改善等の提案を行ってきたが、大きな効果は得られなかった。

フランスでは、イタリア商品に対する敵意やイタリア人のフランスでの就労に対する抗議が強くなっていった。他方、イタリアでも、フランスでのイタリア人の就労が困難になることは恐れられた。両国のこうした共通する懸念から合意が形成された。その結果、次の四つの規則が合意された。

第一に、労働者の貯蓄が自由に移動できることが、双務主義原則に基づいて保障された。この種の協定はすでに一八八二年五月三一日のフランス・ベルギー協定において締結されていた。第二に、労働災害補償における調印国双方の国民の両国における平等待遇が認められた。第三に、この協定は年金制度や失業給付等における相互協力について規定した。ところが、フランスにおける制度の不備等を理由として、実際にはこの規定はほとんど有効ではなかった。第四に、協定は若年労働者、女性等の労働条件の改善や工場監督の強化等も盛り込まれた。

この協定は以後の二国間社会保障協定においても、しばしば援用された。一九一二年七月三一日には、ドイツ・イタリア社会保障協定が締結された。労災補償に関して、両国民の平等待遇が約束された。工場労働者と農業労働者にこの協定が適用された。当時は社会保障の権利は労働条件の問題の一つとして考えられた。以後、次第に適用対象、適用制度が拡大され、調整手段も改善されていった。一九二五年の協定以降は、平等待遇、合算、案分比例等の手法が老齢年金のような長期給付に関しても規定されるようになっていった。

第二次世界大戦後になると、複数国間の社会保障協定が制定されるようになっていった。この場合、さらに三つの種類に区分できる。第一は労働災害補償における平等待遇に関するＩＬＯ条約一九号、および、四八号に典型的な、各国の自由な批准に基づく国際条約である。賛同する国だけが自由に調印するもので、調印した場合のみ、それ以後この条約に拘束される。欧州評議会の平等待遇に関する欧州暫定協定もこれに該当する。

第二は、二カ国合意が多数国間で相互適用されるようになった事例である。一九四九年一一月に結ばれたブリュッセル条約によって、ベルギー、フランス、オランダ、イギリス、ルクセンブルクの五カ国間での移民労働者の社会保障権利に関する平等待遇が規定された。

第三は、利害を等しくする複数国間で、社会保障協定を同時に定める自治的な協定である。スカンジナビア諸国の協定やライン川周辺諸国間の合意等がこれに該当する。

二国間、そして、多国間の協定はこの後も増え続ける。現在、世界中には四〇〇以上の二国間協定があるといわれる。日本でも一九九九年に日独社会保障協定がはじめて成立し、二〇一六年の現在は一五カ国と二国間社会保障協定が成立した状況にある。今後、日本も多くの社会保障協定を関係国と締結していくであろう。日本だけでなく世界中の国々において、国際化の波は社会保障の領域においても阻止することはできないであろう。

（2）国際機関による国際社会保障法の形成

社会保障の国際的な展開において、重要な役割を担うのはやはり国際機関である。特定国の利害から距離をおいて、各国間で中立の立場から政策が展開できるのは国際機関しかない。国際社会保障法を持つ国際機関として、ＩＬＯ、欧州評議会、そして、ＥＵがある。これらの三つの機関を取り上げ、その歴史的経緯を概観しよう。なお、欧州評議会とＥＵに関しては、後で比較的詳しく紹介する。ここでは、あくまで歴史的経緯の概略のみを紹介する。

パイオニアとしてのＩＬＯ

世界ではじめて社会保障領域に関与してきた国際機関は、ＩＬＯであろう。一九一九年、ＩＬＯは国際連盟の成立を契機として創設された。ＩＬＯが国際的な社会保障の普及において果たしてきた役割は非常に大きい。ＩＬＯの最初の関心事は、移民労働者の諸条件の改善にあった。ワシントンで一九一九年に開催された国際労働会議では、外国人労働者の雇用国における国内法および諸法規に基づく給付を保障することを目的として、双務協定勧告二号が採択された。

一九二五年には労働災害補償平等待遇条約一九号が採択され、批准国の国民とその扶養者が他の批准国において居住条件のような一切の特別な条件なしに、労働災害補償給付を平等に適用されることを規定した。調印国で労災補償制度を有していない国は、批准後三年以内にこの制度を創設しなければならないとされた。

一九三五年以降、ＩＬＯは社会保障の国際的な「整合化」のための政策を展開していった。一九三五年には移民の年金権保持に関する条約四八号が採択され、複数国の社会保障制度の適用を受けながら労働生涯を経てきた移民が権利の喪失をきたさないようにするために、年金権の取得、各国間の年金の算定と送金に関する規定が導入された。具体的には、この条約によって合算主義と案分比例主義が初めて導入された。合算主義とは、複数国における社会保障拠出期間が合計されるものである。案分比例主義とは、当該国間で拠出期間に応じて各関係国の給付負担責任が分配されることである。

この条約は、公的基金以外の年金制度には適用されなかった。労働者が複数国の間で移動する場合、当該国の保険者は雇用期間中に獲得した積立を以前同じ被保険者が加入していた別の国の保険者に移管することが両国の合意の下に可能となった。

この条約は社会保障の「整合化」としては最初の試みであったが、実際に批准する国は少なかった。また、批准後に破棄した国もあった。こうした極めて限定的な成果しか残さなかった条約であるが、これ以後は別の形で有力な法律として活用されていった。なお、四八号条約は障害給付、老齢給付、遺族給付にのみ適用された。一九三九年の移民雇用条約六六号と一九四九年のその改正法九七号においては、より野心的な試みが行われた。この法律により、年金制度に限らず社会保障の主要な制度すべてについて、移民の権利を保護することが規定された。この条約は三〇カ国によって批准され、その実際の効力も増した。

社会保障制度の「調和化」政策については、ＩＬＯは社会保障の最低基準を設定することで、各国の社会保障制度の発展を促してきた。一九一九年から一九五二年にかけて、ＩＬＯは社会保障制度ごとに最低基準を設定してきた。まず、一九一九年の失業に関する条約二号、一九三四年の失業給付に関する条約四四号、一九四四年の医療に関する勧告六九号、一九五二年の出産保護条約一〇三号がある。一九五二年の社会保障の最低基準に関する社会保障条約一〇二号は、それまで別々の条約において扱われてきたものを一つに統合したものである。

一九五二年のＩＬＯ一〇二号条約では、社会保障を九つの制度に分類した。批准する国は九つの社会保障制度のうち最低三つの制度に関して最低基準を満たさなければならない。これによって、世界中の国が一つの基準に沿って社会保障制度を設立し、運営していく目安ができ、各国の制度は次第に接近化していった。

欧州評議会の誕生

一九四九年五月五日、ロンドンにおいて欧州評議会の設立に関する条約が調印された。欧州評議会は移民の人権保護に積極的に取り組んできた。この条約に基づいて、社会保障の分野においても欧州評議会は活動してきた。

すでに加盟国間には、二国間、あるいは、複数国間での社会保障協定が存在していた。欧州評議会は、それらの協定を拡張していく可能性を模索していた。そして、一九五三年に欧州社会保障暫定協定が締結された。これにより、調印国の国民すべてが他の調印国領土における国民と社会保障に関しても平等待遇を受けることが認められ、これまでの二国間社会保障協定、あるいは、複数国間社会保障協定の内容がすべての調印国国民においても認められることになった。

さらに、一九五四年には欧州社会扶助・医療扶助協定が成立し、社会扶助や医療扶助においても合法的に居住する調印国国民は他の調印国において、当該国民と同様の保護が保障された。最後に、一九七七年には社会保障に関する欧州協定が締結された。ここでは、社会保障の基本原則として、加盟国国民の平等待遇、調印国間での諸給付の持ち出し、被保険者期間の合算、案分比例制による給付負担等を設定し、この原則を即適用の枠組みとし、仮に適用不可能の場合は二国間、あるいは、複数国間の協定の枠組みで処理するという二段構えとなっている。

欧州評議会は「調和化」に関しては、一九六一年に制定された欧州社会憲章と一九六四年に制定された欧州社会保障法典が、国際社会保障法において評価されている。まず、欧州社会保障法典はＩＬＯ一〇二号条約に類似しているが、賃金労働者だけでなく自営業者も含んだすべての国民を適用対象としている。さらに、ＩＬＯは三つの制度について最低基準の遵守を求めていたが、ここでは六つの制度が遵守しなければならない。

社会憲章は加盟一五カ国で批准された。国際的には一九四八年の人権宣言、一九六六年の国連の経済的、社会的、文化的権利に関する国際規約と同様なものを欧州地域で完結させたものであり、一九五〇年の欧州人権条約に対応する経済的、社会的法律に相当する。憲章では、後述のとおり、一九の保障される基本的権利について明記している。批准国は最低五つ以上を達成しなければならない。

ＩＬＯの「整合化」政策の進展

第二次世界大戦後、社会保障の「整合化」に関する行動が積極的に展開されていった。一九五六年の国際輸送従事者の社会保障に関する欧州協定は、ＩＬＯ加盟の欧州諸国の批准に道を開き、その他の欧州諸国に正式承認への道を開いた。この条約は、国籍条項なしに本社が調印した国にある輸送会社の従業員であり、陸上、もしくは、海上輸送に従事する労働者で、複数の調印国で就労している者の社会保障の権利を保護するものである。そこでは、短期的なリスクである疾病、出産、労働災害、職業病、死亡（遺族保護）に関する各調印国間の法律の「整合化」を行うものであり、長期給付は対象外となっている。ただし、ライン川周辺国の船員に関しては、すでに別の協定が施行されているために同協定は適用されない。

ＥＥＣの誕生からＥＵまで

ＥＵは経済的な目的を追求する組織体であるが、その政策の一環として社会保障に関する行動もとっている。一九五七年のＥＥＣ設立条約によって欧州経済共同体（ＥＥＣ）が成立し、翌年から発効した。共同体は域内の労働者の自由移動を保障するため、その障害となる社会保障における不都合等を解決する方策を講じてきた。ローマ条約に基づいて制定された「規則」によって、社会保障の加盟国間での「整合化」が整備されてきた。

一九五八年の社会保障に関する「規則」三号、および、四号によって、加盟国間を移動する労働者の社会保障上の権利保護規定が確認された。一九七二年には両「規則」は改正され、「規則」1408/71と「規則」574/72となって、実質的に加盟国間の社会保障制度間の「整合化」を規定している。ＥＵはＩＬＯや欧州評議会と性格の異なる組織であり、単なる規範的な作業に限らず実践的な政策を展開している。

ＥＵにおいて成立した法律に、加盟国は拘束される。独自の司法機関である欧州裁判所を抱えていることも他の国際機関と異なることである。成立した法律の執行が徹底するように加盟国をリードしていくことができる。加盟国は、国内法とＥＵ法との間に矛盾がある場合には、ＥＵ法が優先され国内法の改正を余儀なくされる。

ＥＥＣは当初六カ国でスタートしたが、現在では加盟国は二八カ国に達している。また、ごく近い将来にもさらに周辺諸国が加盟する見込みである。単なる地理的な拡大ではなく、ＥＵ自体がマーストレヒト条約、アムステルダム条約、リスボン条約等を経てより結束力を強めてきており、社会保障政策への影響度も計り知れないものがある。

一九八〇年には、一時的な居住者への医療規定に関する欧州協定が成立した。この協定は調印した国の国民が同じ調印国に一時的な滞在をしている間に緊急に医療を必要とする場合に、医療費は協定に従って本国の医療機関によって後に償還することが認められている。つまり、該当者は他の調印国においても、自国の場合と同様に医療保護を受けることができる。

欧州評議会では、一九八八年には、かつての社会憲章にさらに四つの新しい権利と原則が加えられた。対象範囲が拡大し、少しずつ充実してきている。

他方、ＥＵでは二〇〇〇年のリスボン会議後、より積極的な社会政策が打ち出されてきた。加盟国二八カ国体制となり、さらなる加盟候補国も広がり、地理的な拡大を遂げつつ、社会保障政策においても、かつての社会保険中心であった政策対象が高齢者、障害者、貧困者にまで広がりつつある。他方、ＩＬＯは後述のとおり、発展途上国への貢献を一層強調するようになってきた。

また、ＥＵは近年「欧州市民」の概念を強調してきている。これまで、ＥＵの政策が経済的側面優先のため、社会保障に関しても「労働者」の自由移動の保護に集中してきた。そこで、労働者以外も含めた「市民」全体がＥＵの社会保障政策の恩恵に与れるように期待されている。実際に、まだ問題は残されているが、大きな成果を収めてきた。

第3章 欧州における社会保障の基本構造

社会保障とは何か、社会保障が何故生み出されたのか、その目的は何か、こうした問いへの答えは社会保障の基本構造を丹念に紐解くしかない。ここでは、社会保障の基本的な概念に関係する範囲内で簡潔に整理したい。

1 「社会保障」の基本理解

(1) キリスト教

宗教と福祉は、密接に関係するものと考えられる。欧州はキリスト教社会である。イスラム教世界が侵攻してきた時代もあったが、基本的にはキリスト教社会が常に維持されてきた。現状でも、世界の社会保障を牽引しているのは、やはりキリスト教国である。欧州諸国が植民地化してきた世界中の国々は、多かれ少なかれ欧州のキリスト教、そして、欧州の社会保障の影響を受けてきた。他の宗教においても市民の福祉の向上を訴える教えは刷り込まれているものと想像される。キリスト教主義は社会保障の導入に大きく影響してきたと言えよう。

『聖書』にも記述されているように、キリスト教では、貧困者、病人、障害者等のいわゆる社会的弱者に対して光を当て、その救済を訴えている。それは、イエス・キリストが行ってきたことでもある。過去の歴史においても、また、現在でも、キリスト教主義に基づいた福祉施設も多い。現在でも、政府が行う社会保障とは別に、各種キリスト教関係団体は、独自に寄付を集め、福祉のためにさまざまな活動を展開している。

（2）自由と平等

社会保障の基本理念を考察する際にいつも問題にされるのが、自由と平等の理念である。人は皆、生まれながらにして平等であると言われる。人権の上では平等に扱われるという意味であるが、現実は違う。人は生まれながらにして、能力が違うし、家庭の経済力も違う。親のいないところで生まれ、病気や障害を持って生まれる子もいる。そんな子に、「あなたは自由です。自分の意思で自由に生活しなさい」と言って、どうなるだろう。お金がなければ、教育も受けられない。良い仕事につけないし、給料は低くなる。生まれながら違う人生を与えられた人々が自由に生きていけば、人生の最後には、より一層不平等な状況となるのは当然である。自由を追求すれば不平等になる。逆に、平等を確保すれば不自由な社会になる。このことは国家体制として証明されてきた。自由であるが貧富の差の激しいアメリカと平等であるが自由が制約された旧ソビエトが存在した。東西冷戦構造が続いていた時代に、両体制の「収斂化」が進行した。アメリカでは規制が加えられ、自由を多少制限してでも社会問題を解決するような最低限の社会政策が主張された。他方、旧ソビエトでは平等原則を多少崩すことになるが、統制を緩和し市場主義化が進んだ。つまり、両極がお互いに歩み寄ったのである。

（3）資本主義と社会主義

それでは、社会保障は「自由」と「平等」にどのように係わるのか。まず、明らかにしておきたい重要なことは、社会保障とは資本主義社会の体制内に構築された制度であるということである。自由を尊重するのが福祉国家の前提であろう。自由を保障する範囲内で可能な限り平等を追求していくのが社会保障といえよう。

資本主義はその自由な経済行動を前提としており、資本の自由な利潤追求が結果として多くの社会問題を抱えることになる。この社会の矛盾を体制の中で修正し、解決しているのが社会保障や社会福祉である。社会保障や社会福祉などの制度がなかったならば、社会問題は一挙に拡大し、経済体制も維持しにくくなる。いずれは社会の所有関係への不満が爆発し、市民革命によって社会主義が達成されると説いたのが、かつての社会主義者であった。

伝統的な理解では、社会主義は自由を制限し平等を追求した。社会主義においては、資本家は存在せず、国民はすべて等しく富の分配に与かる。企業家も労働者も農民もほぼ同じ所得を手にすることになる。雇用機会も平等に計画的に配分され、失業者は存在しないこととされてきた。万人が平等な社会とは、理想的な社会とみなされた。ところが、次第に明らかになってきた社会主義の実態は、この理想が妄想であったことを証明した。資本家は不在であるが、経営者は存在する。労資関係はないが、労使関係は存在する。他方、官僚主義の弊害が著しく、官僚が社会を支配し、富さえも独占することもあった。失業や貧困も実際には深刻な問題であり、市民の暴動すら起こっていた。

他方、資本主義では自ら引き起こした社会問題を社会保障等の政策によって解決しようとするものであり、資本主義社会が追求している「自由」に対して、ある一定程度の修正を加え「平等」を挿入しようとするものである。一時期、修正資本主義とか社会改良主義とかいわれたのが、福祉国家路線であった。

(4)「連帯」と社会保障

欧州では、社会保障の理念に関してテキストの冒頭によく登場することばが、この「連帯」である。「連帯」の概念の意味するところは日本では、十分理解されていないように思える。欧州では「連帯」という言葉が頻繁にいろいろなところで使われている。社会主義政権時代の、ポーランドの労働組合の名称が「連帯」であった。リサイクルや寄付等を行う施設についても、「連帯センター」の名前がよく使われている。労働組合、消費者運動、フェミニズム運動等も「連帯」を主張している。

欧米は、日本以上に伝統的な個人主義社会である。他人のことには関与せず、自分のことを優先する主張であろう。その欧米にあって社会保障が制度化されたのは、国民レベルでの「連帯」意識からであろう。貧しい者や病人が誰の助けもなく死んでいくような社会は、誰も望んでいない。誰も明日の自分がどのような境遇に遭うかわからない。今日はこちら側（豊かな人）にいるとしても、明日は向こう側（貧困者）にいるかもしれない。

個人の力では限界もあり、目の前の貧困者を直接救済することはできないが、国家が社会全体で貧困者等を救済できるような制度を持つことをほとんどの国民は支持する。隣人を救うのは、明日の自分のためでもある。このことは、宗教とも密接に関係する。聖書を読むまでもなく、キリスト教の教会では「隣人を愛しなさい」と唱えており、実際に紀元前の時代から慈善活動が行われてきた。この流れは現代にも受け継がれている。個人ではできないことでも、皆で支えあっていくことで組織的に弱者を助け合っていくことが正に「連帯」の考え方であり、これを実践するのが社会保障となる。

2　社会保障の目的

(1)　社会保障は損か？　得か？

日本人の間では、社会保障とは損か得かのそろばん勘定の対象となっている。書店に並ぶ社会保障関係の多くの書籍は、どうしたら損をしないか、どうしたら得をするのか、その方法を解説している。欧州では、このような趣旨から執筆された本を見た記憶がない。社会保障で得をしようと考えるのは、制度の本来の趣旨から逸脱している。損か得かは結果でしか有り得ない。いろいろなリスクがあり、結果としてたまたま受益が多かったため得してしまったとか、結果的には受益するべきリスクに至っておらずに損をしたと思われる場合もあろう。しかし、人間は本来将来は予想できない。したがって、社会保障に加入して得するのか損するのか、最後になるまで誰にもわからないはずである。リスクに陥っていないすべての人々が、同じリスクを共有しているはずである。

ここで損か得か、という議論をもう少し具体的に考察してみたい。損か得かということは、支払い保険料額に対して保険金受給額が多いか少ないかで判断されるものであろう。しかし、全体では収支は均等化するはずである。誰かが払ったお金が誰かのところにいくのであり、平均では得も損もしないことになる。

より具体的にいえば、実際には国庫補助が多額になり、保険料で支払った金額よりは大多数の人は多額の保険給付を受けていることになる。だが、国庫も実は市民の税金で成り立っているので、最終的には市民全体が負担し市民全体がその恩恵に与ることになる。社会保障に関係する価値観においては、経済的な損得の概念は希薄にならざるを得ない。

よく年金の議論と関連して損得がとりざたされる。例えば、年金が退職を要件とする退職年金の性格を有する場合、高齢で企業のトップに君臨するような人の場合、年金を受給することができないまま亡くなることもあり得よう。これを大損であったと評価すべきであろうか。まだ、元気で労働の意欲と能力の高い人が、年金で得するためといって早くに退職することは肯定的に考えられるであろうか。こうした評価の背後には、人生観が入りこんでくる。

医療で考えるとこの主張はより明確となる。健康保険についても、われわれは多額の負担を強いられている。だが、健康保険については、誰も損得を言わない。もし、健康保険を通じて得をしたいのなら、たくさん病気や怪我をして、医療費をたくさん受けながら、傷病手当金もたくさん頂くことになろう。でも、実際には、こんな行動に出る人など誰もいない。多額の保険料を払いつつ、何年も病院の世話になったことがない人はむしろ幸福と賞賛されるのであり、誰も損失者とは評さない。

(2) 社会保障の目的

人類の歴史を振り返ると、いつの時代にも貧困者が存在していた。現在の世界で最も豊かなアメリカであってもホームレスがたくさんいる。どの時代にでも、豊かな人と貧困者が共存してきた。そして、古い時代から、国家は貧民を放置せず、救済しようと試みた。昔は貧困者の救済は為政者の個人的な施しであった。今では、貧困者は国家によって社会的に救済される。

社会保障の目的の一つは、すべての市民の最低生活（ナショナル・ミニマム）を国家が保障することである。すべての人が、人間として最低限度の生活をおくる権利が認められるのが現代国家であり、その責任は政府が担うことになった。

もう一つの社会保障の目的は、喪失所得の保障である。さまざまな社会的リスクに陥ると等しく所得を喪失する結果になる。そのため各種所得保障制度が準備されている。これらの所得保障制度は、すべて何らかの理由で所得を喪失した際に、喪失した所得の代わりに提供される現金給付を伴っている。これらの給付制度がなかったら、リスクに陥った人は即座に困窮状態になってしまう。市民にとっては、社会保障は生活の安定を支えている重要な制度となる。

最低所得保障と喪失所得保障を行うことで、社会保障はすべての市民を対象に安定した生活を保障することになる。結果的には、富める者から貧しい者へ、健康な者から病んだ者へ、若者から高齢者へ、所得の再分配が行われる。別の表現を使えば、社会的により平等な社会の創造に貢献しているものが、社会保障と言えよう。

3　社会保障の類型

欧州は世界で最も早く社会保障が成立した地域であり、現在も最も進んだ福祉社会を維持している。しかし、「欧州」と言っても多くの国々から構成されており、統一的な総括は不可能である。北欧諸国は進んだ福祉国家として有名だが、南欧州諸国では社会保障は別の展開をしてきた。東欧諸国は旧社会主義国家の崩壊とともに新たに社会保障を構築した国々であり、未整備の状況にある。ここでは、二つのモデルの特徴を述べ、第4章では主要国の事例を紹介する。

（1）北欧モデル

北欧諸国は世界で最も進んだ福祉国家を形成している。ここでは政府の強いイニシャティブの下でレベルの高い福祉サービスを実現している。国民は高福祉・高負担を選択し、国民の負担率も世界で最も高い。社会保障の財源としては、社会保険における保険料の占める割合は比較的低く、税が大きな部分を占めている。

北欧諸国は人口規模でいえば小国であるが、物価水準や生活水準も高く、経済は比較的安定している。等しく「北欧諸国」と言っても、各国の違いはあるが、共通する部分も多い。市民の生活が包括的に高い水準で保証されているのが北欧諸国である。

社会保障制度の適用に関しては、ベヴァリッジモデルに従い、居住地を基本として適用していく。費用負担や社会保障給付では、均一拠出・均一給付の場合が比較的多いが、次第に所得比例の拠出や給付も増えてきている。

医療サービスはすべて公営サービスの一環として位置づけられており、医師や看護師等の医療従事者はすべて公務員となり、医療費もかつては原則無料で、すべての市民に対して医療が保証されている。現在は、患者の一部自己負担も導入され、民間の医療施設も登場している。

教育に関しても、幼児教育から生涯教育まですべて無料が基本原則となっている。学校もほとんど公立であり、少数の私立学校でも補助金が大きい。生活費を賄う教育手当も適用され、学生寮も安く運営されている。各種福祉サービスも無料か、有料であっても上限があったり、低額に設定されている。

（2） 欧州大陸モデル

基本的には、ビスマルク主義の社会保障モデルが多くの欧州大陸諸国の社会保障のモデルとなっている。ビスマルクは、全国民に強制適用する社会保険を世界で始めて創設した。疾病保険、労災保険、年金保険等が一挙に制度化された。こうした社会保険重視の伝統は、税をより強調するイギリスや北欧等の国々の社会保障と対照的に、主に欧州大陸諸国で普及し、現在でもその特徴をとどめている。

社会保障の適用対象は職域を基礎にすべての居住者とし、一般の民間サラリーマン、自営業者、公務員等の職域に応じて異なる制度が連立する構造を基本とする。国によっては、より細かく産業や職域ごと、あるいは、地域ごとに社会保険が分立している国もある。また、保険料や保険給付は所得比例主義に根ざし、所得の特定比率の保険料を拠出し、同じく所得の特定比率の給付を受給することを原則とすることも一つの特徴である。

欧州大陸諸国と言っても多くの国々があり、必ずしも一つの典型的なモデルがすべてに該当するわけではない。例えば、オランダは伝統的に最低保障を重視しイギリスのベヴァリッジモデルに近いと言われており、イタリアのように医療サービスを税方式で運用している国もある。

このモデルの国々は北欧諸国のように大きな政府とは異なり、政府の介入は緩やかである。福祉、医療、教育等において、ある程度の個人の自己負担が求められる。

(3) 社会保障制度の収斂化

欧州と言っても、この伝統的な二つのモデルがすべてに有効であるとは限らない。欧州でも地域によってかなり特徴が異なる。ここでは二つの地域について付言しておきたい。

第一は、南ヨーロッパ諸国である。基本的には欧州大陸型モデルに該当するが、他の国々と若干異なる特徴がある。まず、制度が多数に分立していることである。フランスもその傾向がある。フランスの社会保障制度が分立しているのは職域ごとであるが、地域ごとに分立する場合もある。ギリシャなどは、職域によって、さらに地域によって数百の社会保険制度に分立している。また、地方自治体の権限が強く、自治体ごとに自立した制度を運用している場合もある。イタリアで生活保護は中央政府は何も行わず、各自治体が個別に実施していることもこの表れであろう。

もう一つ言及したいのは、旧社会主義であった東ヨーロッパ諸国である。社会主義政権下では国家が主体となって市民の保護を行ってきたが、体制崩壊後一挙に社会保障を導入した。まだ未整備である部分も残している。例えば、年金の賦課方式は成熟化するのに三〇年を必要とするとも言われている。ドイツでも、旧西ドイツと旧東ドイツの格差が社会保障においてもいまだ残っている。これは福祉国家モデル云々以前の問題である。

このように、欧州には多くの国々が集まっていて、社会保障も国によってかなりの違いがある。だが、近年、各国の社会保障制度は収斂化していると言われる。各国とも同じような問題を抱え、同じような対策を講じている場合が増えている。グローバリゼーションの影響は社会保障にも該当する。

さらに、ＥＵが各国社会保障の収斂化を目指して政策展開している。社会保障の分野でも、ＥＵレベルで法制化が進み、各国の社会保障制度の運営に直接影響を及ぼしている。これまでの最大の成果は、人の自由移動を阻害しないために社会保障制度の「整合化」を規則化したことである。医療においては、加盟国に共通する「欧州健康保険カード」も導入され、本国の医療保障制度と加盟国のどの病院でも償還制度が適用できるようになっている。

第4章 欧州各国の社会保障（1）
――ドイツ、フランス――

欧州には多くの国々がひしめき合っている。大国は少ないが、小国はたくさんある。欧州は社会保障が生まれ、発展した地域であるが、その発展度はかなり異なる。北ヨーロッパと南ヨーロッパの国々では、その差は著しい。さらに、旧社会主義国であった東ヨーロッパ諸国と西ヨーロッパ諸国ともかなり違う。欧州では、国が一〇あれば、社会保障も一〇のモデルがあると言われている。社会保障とは、言うまでもなく、各国の社会構造、経済情勢、国民の価値観、歴史的伝統、社会的・文化的基盤等によって各国独自の社会保障が構築されてきた。近隣諸国においても、違いは大きい。

ここでは、主要国における社会保障を概観していく。欧州全体の社会保障政策を考察する前提となる。ビスマルクモデルの典型として、ドイツとフランスの事例を紹介する。欧州大陸の多くの国々は、このドイツやフランスに近いモデルの社会保障制度を構築している。他方、ベヴァリッジモデルの典型として、イギリスとスウェーデンを取り上げる。

1 ドイツの社会保障

世界で最も早く社会保険を全国民に強制適用したドイツは、欧州大陸型の社会保障の一つの典型を成している。労働者保護政策としてスタートした社会保険は、職域を基礎に普及した。保険原則を重視し、所得比例主義の保険料、保険給付の構造を確立した。年金、疾病保険、介護保険、労災保険、失業保険、家族給付、育児手当、社会扶助、失業扶助、雇用促進、職業訓練、青少年扶助、母性保護、戦争犠牲者援護、公衆衛生、医療、環境、自然災害救援まで含むきめ細かで、多様な保障制度が準備されている。旧東ドイツと旧西ドイツ間の格差が依然として大きな社会問題となっているが、社会保障の運営にも影響している。

社会的自治の原則に従って、各社会保障制度ごとに独立した組織によって運営されている。社会保険の財源の大部分は保険料によって賄われ、税負担割合が比較的低く設定されている。

（1）年　金

ドイツでは職域によっていくつかの年金制度に分かれており、制度によって保険料から給付条件等運用内容が異なる。大きくは、一般の民間賃金労働者の属する一般年金保険制度、鉱山労働者や鉄道員等の年金制度、農業経営者等の年金制度等に分けられる。各職域で該当する対象者はほとんどが強制適用となるが、一部で適用免除や適用除外も存在する。

一般年金保険が最大の年金であり、民間賃金労働者の大多数をカバーしている。保険料は二〇一四年現在で一八・九％とされ、労使折半がドイツの伝統である。収入の二三・六％が国庫補助によって賄われている。保険料の引き上げに応じて、国庫補助も自動的に引き上げられることで調整する方針が確定している。付加価値税の引き上げ部分や環境税の引き上げ部分等から、近年の年金財源の増加に対応してきている。

標準年金支給月額は、二〇一四年では、旧西ドイツの州では一二八七・四五ユーロ（約一六万九九四三円）、旧東ドイツでは一一八七・五五ユーロ（約一五万六七五七円）となっている。

年金財政は、伝統的に完全賦課方式によっている。ドイツの年金も財政難に直面し、税率の引き上げと保険料の引き上げが同時進行している。二〇〇四年には、公的年金持続法が制定され、保険料率は二〇二〇年まで二〇％を、二〇三〇年まで三〇％を超えないように規定している。

受給要件は、五年間の被保険者期間となっている。支給開始年齢は六五歳であったが、二〇一二年から二〇二九年までの期間に六七歳に引き上げられることが決定された。実際には正規年金年齢の前後三年間で早期年金、繰延年金が設定されている。年金給付水準は近年低下傾向にあり、現役労働者の平均賃金の約五〇％程度になっている。

（2）医　療

ドイツでは、伝統的に医療保険方式に基づいて医療サービスを行っている。職域に応じて二つの医療保険に分かれている。農業従事者には、個別の疾病保険が存在する。それ以外の大多数の市民は一般制度に属する。一般制度の適用者は総人口の八六％相当になる。民営化の流れを受け、高額所得者は一般制度から強制適用を免除された。

一般制度においては、年収が五万三五五〇ユーロ（二〇一四年現在）未満のすべての市民に強制適用されるが、公務員や自営業者や特定条件下で免除者が規定されている。任意の加入も認められている。強制適用対象の年収を越える高額所得者の多く（総人口の約一割）は民間保険に加入している。その他、特別制度の加入者もあり、無保険者も存在する。

財源は大部分が保険料によっている。国庫負担は僅か三％に過ぎない。保険料率は疾病金庫ごとに異なる。保険料率は被保険者八・二％、使用者七・三％で、合計一五・五％となっている（二〇一四年現在）。

すべての医療費が給付対象となる。ドイツでは、健康保険方式でありながら、無料の医療サービスを提供してきたが、近年は患者の一部負担も設定されている。初診時や入院時の定額（一〇ユーロ）、薬剤の一〇％等が患者の自己負担となっている。支給期間の制限はない。傷病手当金は、所得の八〇％で三年間に七八週間の支給期間の制約がある。

(3) 介　護

ドイツは伝統的に社会保険を重視する国であり、介護についても介護保険で対応している。ドイツの介護保険は健康保険と連動しており、法定健康保険の被保険者が同時に介護保険の強制適用の対象となり、介護保険料を介護金庫に拠出する。扶養家族も適用対象に含まれる。財源としては、保険料収入が九九％を占めている。

受給資格には年齢による制限はない。要介護度は三段階に分けられ、段階に応じて給付内容が異なる。介護保険給付としては、在宅介護給付、短期収容施設介護給付、完全収容施設介護給付、介護者への給付とに分かれている。この給付制度ごとに、そして、障害の三等級ごとに給付の限度額が決められている。

介護サービスの提供事業所は多様であるが、民間のサービス供給事業所の優先が確認されている。特に、六つの公認の民間福祉団体が、介護に限らずドイツの福祉領域全般で活躍している。介護の人材については、いくつかの専門職種があるが、労働条件が比較的悪く慢性的に不足気味である。介護収容施設としては、公営、民営、さらに、営利・非営利ごとに多様な形態がある。その中では、民間非営利事業所が施設数、定員数においても過半数を占めている。

（4）社会福祉

公的福祉の優先性と民間福祉の補完性がドイツの基本方針となる。社会保険がまずリスクの対応に当たり、それで不十分な部分を社会福祉サービスが補うとの考え方である。社会福祉サービスは地方自治体が責任を負い、内容も自治体によって異なる。民間福祉は、主に宗教的な区分から六つの大きな団体が活躍している。

障害者や高齢者の福祉サービスと並行して、近年では児童福祉領域が充実している。母性保護手当、児童手当から、保育手当、税的控除、保育所施設の拡充等、幅広く政策展開されている。

公的扶助については、地方自治体が運営主体となり、自治体の一般財源から調達される。食糧、衣類、住居、身体の手入れ、家具、暖房等の個人的生活にかかわる費用を支援する生活扶助とその他の特別なニーズに対応する特別扶助の二つが制度化されている。

特別扶助としては、具体的には疾病、障害、介護、ホームレス、他に境遇に応じた扶助がある。さらに、別枠で高齢者や稼得能力喪失者への基礎保障と求職者への基礎保障が準備されている。

低所得者の居住費用を支援するために、社会扶助とは別枠で、住宅手当が運営されている。住宅手当には、家賃の補助に加えて暖房費も含まれる。

2　フランスの社会保障

基本的にはビスマルクモデルに近く、職域を基礎に社会保障制度が適用されている。ただし、ドイツと異なり、より多数の社会保障制度に分立しているのがフランスの特徴の一つである。被用者の社会保障では、民間の一般労働者を対象とする制度を中心に公務員、鉄道職員、鉱山労働者、海運労働者等の職域によって異なる社会保障があり、さらに被用者以外でも商工業者、職人、自由業者、農業経営者等によって別個の社会保障制度が構築されている。

政府が運営する社会保険に加えて、職域ごとの相互扶助組合、共済、労働組合が運営する制度等の多様な制度が補足制度として組み込まれている。特に、失業保険や二階部分の年金等は労使協定に基づく補足給付制度として位置づけられるが、機能的にも極めて重要な存在となっている。

社会保険においては、保険料の負担割合において使用者負担率が過度に高くなっているのがフランスの特徴である。社会保障財政の悪化から、一般社会拠出（ＣＳＧ）が社会保障目的税として貴重な財源を提供している。さらに、社会保障負債返済拠出も創設され、固有の財源となっている。

(1) 年　金

年金は三重構造となっている。法定の基礎的な一般年金と最低保証年金、そして、労使協定に基づく補足年金がある。一般年金では、四〇年以上の被保険者期間と年齢六〇歳を要件として完全年金が認められ、これを満たさない場合には被保険者期間に応じた比例年金となる。完全年金の支給額は、過去最も賃金の高かった二五年間の平均賃金の五〇%となっている。保険料率は、労働者が賃金総額の六・八〇%、さらに、上限付きの賃金部分の〇・二五%。使用者が賃金総額の八・四五%、上限付きの賃金の一・七五%（二〇一四年）となっている。

フランスの年金支給額は、二〇一四年現在で上限一五六四・五〇ユーロ（約二〇万七一〇〇円）、下限六二九・〇〇ユーロ（約八万三三〇〇円）となっている。

無年金者や年金受給額の少ない人のために最低保証として高齢者連帯手当がある。無拠出制度であり、公的資金によって賄われている。支給額は二〇一四年現在で、単身者月額七九一・九九ユーロ（約一〇万四八〇〇円）、夫婦世帯では月額一二二九・六一ユーロ（約一六万二八〇〇円）となっている。所得制限の範囲内で所得がある場合は、最低保証額との差額部分のみが支給される。

最後に、補足年金は労使協定を法的根拠として成立しているが、全労働者に強制適用され、物価スライドする準公的性格の強い所得保障制度である。補足年金も職域によって分かれている。民間の一般労働者の場合、さらに、幹部労働者や技術者等と一般の労働者で別の補足年金が準備されている。

（2）医　療

フランスはドイツと同様に、医療に関しては社会保険によって対応している。医療保険制度も年金と同様にフランスでは職域に応じて分立しており、市民のほとんどがいずれかの保険制度に加入している。運営内容も制度によって異なる。

医療サービスの現物給付を行うと同時に、療養中の所得保障を行っている。労使代表によって自治的な管理方式をとる医療保険基金が管理している。医療保険は医療サービスと薬剤をカバーする。医療サービスの償還率は原則として七五%から六五%、薬剤費は三〇%から四〇%となっている。ただし、具体的には場合に応じて償還率に差がある。例えば、慢性疾患や高額で長期医療の三〇疾患は一〇〇%の償還率となっている。検査やマッサージは六五%から五五%の償還率となる。

患者の自己負担を軽減するために、共済制度も普及している。また、低所得者の自己負担金を肩代わりする普遍的医療給付制度も一九九九年に導入された。フランス国内に三カ月以上居住する者を対象に、一部自己負担なしで医療サービスが提供される。

財源は主に保険料と目的税によって賄われ、さらに若干の国庫補助が加わる。保険料率は一三・八五%で、うち被保険者が〇・七五％、使用者が一三・一〇％となっている（二〇一三年）。保険料率は使用者負担が過度に高くなっているが、フランスでは労使関係の歴史を反映している。目的税とは「一般社会拠出」と呼ばれる一九九一年に導入された税金であるが、当初すべての所得の一・一％に設定されていたが、その後急速に引き上げられ一九九八年には七・五％まで引き上げられた。医療には一般社会拠出の五・一％相当分が配分されている。

（3）介　護

フランスの高齢者介護は、社会保険方式によらず、税方式を採用している。一九九七年に特定介護給付（ＰＳＤ）が導入され、二〇〇二年には個別化自律手当（ＡＰＡ）がこれに代替した。介護サービスの内容は在宅サービスと施設サービスからなり、要介護度に応じて給付額、個人負担額が定められている。

フランスの特徴は、第一に県が実施主体としてイニシャティブを取っていること、第二に高齢者介護サービスと障害者介護サービスが一体化していること、そして第三に、政策体系としては社会保険ではなく社会扶助の一環として位置づけられていることである。

財源は、県の一般財源、各年金金庫からの拠出金、一般社会拠出を中心にしている。さらに、二〇〇四年改革により二つの財源が介護サービスのために新たに確保された。「連帯の日」を定め、この日の所得の〇・三％を拠出して自律連帯拠出（ＣＳＡ）を創設した。他方、全国自律連帯金庫（ＣＮＳＡ）が創設され、資産や投資所得の二％をはじめ各種拠出金によって賄われている。

（4）社会福祉

フランスでは、県が中心となり国と連携しながら各種福祉サービスを行っている。財源は税を中心としている。

給付については、所得制限がある。児童関連の施策も積極的で、児童手当や育児休業手当等の現金給付のほか、保育サービスも充実している。

税を財源とする公的扶助は、フランスでは多様な給付が準備されている。積極的連帯収入（RSA）が中心となり、最低生活を保障している。支給額は家族と収入状況によって異なる。夫婦で子供なしの世帯の場合、一人当たり五〇九・三〇ユーロ（約六万七二二八円）、夫婦には七六三・九五ユーロ（約一〇万八四一円）の支給額となる。一人親加算、住宅手当等が別途支給される。労働を奨励するために、労働収入が増えても、積極的連帯収入の支給額は削減されないことになった。

このほか、障害率八〇％以上（重度）で二〇歳以上の障害者を対象に、成人障害者手当が支給されている。二〇一四年現在で、月額八〇〇・四五ユーロ（約一〇万五六五九円）の定額となっている。

六五歳以上の無年金者を対象に、高齢者連帯手当等の制度も運営され支給額は世帯構成、所得に応じて決められる。所得がない場合、単身者には月額八〇〇ユーロ（約一〇万五六〇〇円）、夫婦の場合は一二四二ユーロ（約一六万三九四四円）の定額で、所得があるとそれに応じて調整され減額される。この制度が高齢者の最低所得保障となっている。

第5章 欧州各国の社会保障（2）
——イギリス、スウェーデン——

スウェーデンは北欧社会保障モデルで有名であるが、適用が地域単位で行われること、税方式の運営が多いこと等、イギリスのベヴァリッジモデルの流れをくむものと考えられる。ここでは、ドイツ、フランスの欧州大陸モデルと対照的なベヴァリッジモデルの事例として、イギリスとスウェーデンを紹介しよう。

1 イギリスの社会保障

イギリスでは、社会保障は所得保障制度を中心に考えられている。一九一一年に導入された国民保険は、社会保険としては欧州ではむしろ遅れた導入ではあったが、老齢、遺族、障害の年金制度に加えて、疾病、失業、労災のリスクを包括的に統合した制度であることが特徴である。ただし、労災は一九九〇年に国民保険から除外された。現金給付は拠出に基づいて受給資格が認められるが、国民保険に含まれない無拠出制の給付も存在する。無拠出給付の財源は、政府負担と国民保険からの支出も含まれる。

イギリスでは、地域ベースで社会保障の適用を展開している。職域ごとの制度化の欧州大陸諸国と違う点である。

また、年金制度に見られるように、比較的低い水準の給付を広くすべての人に適用させ、一律定額での保険料・保険給付を基礎に最低保障を強調するのがイギリスの特徴でもある。

イギリスの社会保障は給付水準としては一般的に欧州でも低く、制度的にも多様な制度が見られず、比較的淡白な内容となっている。また、民間福祉も活発である。

(1) 年　金

国民保険の年金は基礎年金を構成し、伝統的なベヴァリッジモデルとして、均一拠出・均一給付の原則に基づいて運営されてきた。一九六一年に所得比例の付加年金制度が導入された。国民保険の基礎年金部分は比較的低額ですべての国民に強制適用される。低所得者には拠出免除措置があり、保険料を納めたものとして扱われる。

国民保険の保険料は制度ごとの金額は設定されておらず、すべての給付制度の総額で運営されている。財源として、かつては国庫負担が特定比率で提供されていたが、財政難により国庫は停止され、保険料収入で賄っている。国民年金を基礎として、二階部分の年金が各種存在する。二〇〇二年に国家第二年金が国家所得比例年金を引き継いで導入された。他に、ステイクホルダー年金、職域年金、個人年金もある。

基礎年金の支給額は、二〇一四年現在で、単身者で週一一三・一〇ポンド（約二万三〇〇〇円）、夫婦で週一七一・八五ポンド（約三万八〇〇〇円）となっている。二階部分の各種年金は、それぞれ所得比例で設定されている。

低所得の高齢者を対象として、年金クレジットが二〇〇三年より導入された。年金クレジットには、保証クレジットと貯蓄クレジットの二種類がある。保証クレジットでは、収入が特定の適正額（単身で週一四八・三五ポンド、夫婦で二二六・五〇ポンド）未満の場合、その不足額を支給する制度である。貯蓄クレジットは、特定収入（二〇一四年現在では単身者では週一九〇ポンド、夫婦二七八ポンド）以下の場合、特定額を年金に上乗せして支給する制度である。

二〇一四年の支給額は単身で週一六・八〇ポンド（約三〇〇七円）、夫婦で二〇・七〇ポンド（約三七〇五円）であった。私的年金については、特定要件を満たす企業年金や個人年金の加入者は、国家第二年金の適用除外が認められる。政策的にも私的年金の強化が進められている。

（2）医　療

医療については、イギリスは伝統的な国民保健サービス（NHS）を確立し、国営の医療機関がすべての居住者を対象に無料で医療保障サービスを行うことが原則であったが、近年は財政難から患者の一部自己負担が課せられている。医療サービスの供給の面でも、次第に市場原理が導入されつつある。

二〇一一年における医療サービスの財源は、国庫が八〇・九％を占め、国民保険の保険料収入から医療への拠出が一七・九％、患者負担分が一・二％を占めている。ただし、保険料の支払いは国民保健サービスの受給要件とはなっていない。医師の報酬は、登録住民数に応じた包括的な報酬、特定の専門的な医療に対する追加的報酬、糖尿病等の特定疾病や診療所の環境改善に関する成果に応じて定められた報酬の三つの要素から決定される。

市民は個人として通常通う診療所を決めて登録し、そこで一般医の診察を受けることになる。一般医の診察は原則として無料であるが、薬剤については処方一回につき六・六五ポンドの自己負担がある。

（3）介　護

一九九〇年のコミュニティーケア法によって、イギリスの高齢者介護システムは大きな変化を遂げた。サービス供給の市場化が進められ、公的機関の独占が排除され、民間事業所も含めて競争関係に至った。地方自治体の関係組織もサービスの購入者と供給者に役割を二分割した。他方、ケアマネジメント方式が導入され、ニーズに応じたケアマネジメントが展開されることになった。また、自治体はケアの評価を行うべくモニタリングの役割も担う。

在宅看護、訪問保健サービス、保健センターのサービスは、イギリスでは国民保健サービスとして医療保障の一環として無料で提供される。病院への入院による施設サービスも同様である。デイサービス、ショートステイ、ホームヘルプサービス、配食サービス、洗濯サービス等は、基本的には税方式により地方自治体が公費で賄うが、国庫補助も提供される。自己負担は地方によって異なる。

（4）社会福祉

保健医療サービスは国が責任を負い、福祉サービスは地方自治体が責任を負う。高齢者の医療と介護、障害者福祉、児童の健全な育成等、安定的な運営が行われてきている。近年は、仕事と家庭の両立を支援するサービスが積極的に展開されてきている。

最低生活の保障としては、所得補助と求職者給付がある。所得補助は就労不能な貧困者を対象として、支給額は所得に応じて変わるが、無所得の場合は、二〇一四年現在で週五七・三五ポンド（約一万二六六円）が最低生活保障額となる。求職者給付は、就労可能な人を対象として、一六歳から二四歳では週五七・三五ポンド、二五歳以上では週七二・四〇ポンド（約一万二九六〇円）の定額が支給される。

このほかの公的扶助としては、現在の連立政権は福祉依存から脱却し、真に支援が必要な人に給付を集約する方針で福祉政策も合理化、簡素化を行ってきている。具体的には、児童税額控除と就労税額控除、住宅給付、所得補助、求職者給付と雇用支援給付を統合した普遍的給付等を導入した。税額控除は、所得調査を条件に施行されている。

2 スウェーデンの社会保障

北欧福祉モデルの典型として、スウェーデンの事例を紹介する。スウェーデンでは、社会保障は公的部門が強く関与している。中央政府だけでなく、地方自治体の役割も大きい。国が社会保障に大きく介入し、多様で充実した社会保障を運営している。医療や年金、労災や失業保険だけでなく、児童手当や住宅手当、両親手当等、多様な給付やサービスを行っている。高額の税金をはじめ、国民の負担率は重いが、その代わりに充実した社会保障が提供される高負担・高福祉の典型である。

社会福祉サービス、医療、教育等は、原則無料で税金によって賄われている。ただし、近年の財政難から医療や社会福祉においても一部の料金有料化が導入されている。また、医療や福祉分野での民間組織の参入も次第に進められてきている。

スウェーデンの社会保障においては、社会保険や各種所得保障の給付制度は中央政府が行っている。だが、医療サービスは全国に一八ある「ランスティング（県）」と呼ばれる広域の地方自治体が運営母体となっている。さらに、各種社会福祉サービスは「コミューン（市町村）」とよばれる全国二九〇の自治体によって運営されている。

(1) 年　金

社会保障制度としては、国民年金制度がある。国内居住三年以上の六五歳以上の者すべての人が受給対象となる。国民年金はさらに、賦課方式で運用される所得比例年金、積立方式による積立年金があり、さらに、支給水準の低い高齢者を対象に税財源による最低保証年金があり、三つの年金給付で構成されている。

保険料は一八・五％に将来的に固定され、そのうち一六％が所得比例年金の財源に、二・五％が積立年金部分の財源となる。最低保証年金は、無年金者や低年金者を保護するべく、無拠出で公的資金によって賄われている。

所得比例年金の支給額は、生涯の納付保険料額と平均余命の変動を考慮して算出される。一九九九年以降は、経済情勢や人口変動に応じて自動的に調整される「財政自動均衡方式」が採用されている。積立年金は、納付総額と運用益によって決められる。最低保証年金額は、所得に応じて三段階で決められている。

所得比例年金、旧付加年金、積立年金、最低保証年金の実際の支給年額の中央値は、二〇一三年現在で男性一五万六一三二クローネ（約二二三万八九〇〇円）、女性一一万六九六一クローネ（約一六七万七二〇〇円）、男女合計では一三万五一四八クローネ（約一九三万八〇〇〇円）であった。

スウェーデンでは、六五歳以上の老齢年金の受給者に対して、別途、年金受給者住宅手当（ＢＴＰ）が支給される。支給額は配偶者の有無に応じて最高額が設定されている。このＢＴＰ受給者のうち、特に低所得者に対しては、年金受給者特別住宅手当（ＳＢＴＰ）が支給される。

(2) 医　療

疾病中の所得保障については、当初二週間は使用者から傷病手当が支給され、その後は、社会保険から傷病手当が支給される。支給額は、従前所得の八〇％相当となっている。ただし、支給上限額がある。支給期間の制限はないが、通常一年間以上になると、障害年金に切り替えられる。一年経過時点で職場復帰が見込まれる場合は、以後最大五五〇日まで傷病手当が継続して支給される。ただし、支給率は従前所得の七五％とわずかに減額される。症状が重篤である場合は、さらなる受給延長も可能とされている。

スウェーデンの医療サービスは、税方式による公営サービスとなっている。医師、看護師、その他医療従事者はすべてランスティング（県）の公務員であり、費用は税収を基本にし、近年、一部自己負担金が導入された。自己負担額は医療サービスの内容に応じて定額となっている。自己負担額の上限も設定されており、これを超える医療費は無料となる。

地域によって医療施設が不足して待ち行列を作る問題に対応して、特定期間内の診察を保証する取り組みが展開されている。医療の質の向上のため、医療施設間の選択の自由と競争の促進が進められている。

医薬分業も徹底しており、医薬品の販売は国営の薬局が独占事業としている。医療部門では、民営化がスウェーデンでも進展している。私立病院をはじめ個人開業医も存在するが、少数派で数も増えていない。

（3）介　護

スウェーデンでも後期高齢者比率が上昇し、高齢者介護は重点政策となりつつある。在宅サービスとしては、ホームヘルプサービスのほか、訪問看護サービス、デイサービス、デイケア、ショートステイ、緊急アラーム、移送サービス等の多様なサービスがある。

施設サービスは、「特別住居」として特別なニーズを必要とする高齢者への住宅と位置づけられる。最近は、「特別住宅」と一般の高齢者住宅の中間的な存在で、適度のサービスが受けられる「安心住宅」が増えている。

高齢者・障害者のケアに関する施設としては、多様な施設が運営されている。特に、高齢者関係の施設が拡充されている。このほか、児童、家族、アルコール・薬物依存等による個人や家族の保護のための福祉サービスも活発である。これらのサービスの中には、本人の同意なしに実施が認められるサービスもある。

一九九二年のエーデル改革により、医療と介護が役割分担し、介護ケアは病院から切り離された。ランスティング（県）の行う医療サービスと決別し、介護はコミューンの責任下におかれ、地方分権化が進められた。長期入院などの社会的入院は、ランスティングの医療サービスから市町村の福祉サービスに移管された。

民営化の動きはあるが、まだ介護サービスの一割に満たない少数派で、依然として公的な行政サービスとして行われる場合が中心となっている。だが、共同組合、財団法人等の民間非営利団体、さらには福祉関連の株式会社も増えている。

介護サービスには受益者負担がある。病院への入院、ナーシングホーム、老人ホームと施設ごとに定額となっている。金額は所得水準によって、また、給付によっては地域ごとに定められている。在宅福祉についても、ホームヘルプサービス、デイサービス、ショートステイ等があり、やはり定額の自己負担がある。ただし、自己負担には上限額が定められており、それ以上はすべて公費負担となる。

(4) 社会福祉

スウェーデンでは、社会福祉は高齢者・障害者へのサービスと個人や家族に対するサービスの二つの分野に分けられる。後者には、児童、家族、アルコール・薬物依存症等に対する支援やケア、治療を含む。障害者福祉については、各種現金給付のほか、教育、住宅、交通、就労支援、文化、福祉機器等、多様な支援が展開されている。社会福祉は税財源を中心に、サービス利用者の自己負担も財源の一部となる。負担方法はコミューンによって若干異なる。なお、利用者負担には、全国共通の限度額が設定されている。保育サービスは、最近の改革により福祉施策から分離され、教育政策の一環として位置づけられることになった。女性の労働力率が非常に高く、保育ニーズも極めて高い。六歳までの保育所に加えて、一二歳まで放課後保育や家庭保育がより一般的に活用されている。

スウェーデンの最低生活保障は、コミューンが責任を持ち、財源もコミューンの税収による。最低保証基準額は、コミューンが全国基準をもとに決定する。労働可能な対象者には、就労が斡旋される。

第Ⅱ部　欧州評議会の社会保障政策

欧州評議会は、組織自体が日本ではあまり知られていない。研究対象としても政治学や国際法等の特定の分野以外では、あまり多くは研究されてこなかった。社会保障に関しては、国際的には国際社会保障法を持つ貴重な国際機関として高い評価を得ている。それにもかかわらず、やはり日本ではほとんど研究がなく、本格的には紹介されてこなかった。

他方、EUおよびILOに関しては、社会保障政策の分野でも一定程度の研究は日本でも蓄積されてきた。実際には、これら両機関と並行して欧州評議会はいつも活動してきた。欧州の社会保障の専門家の間では、欧州評議会はEUと並んで「欧州社会保障法」を形成する組織として注目されてきた。実は、ILO、EU、欧州評議会の三つの機関は、それぞれ連携して政策立案していたとも言われている。政策の内容も興味深い関係にある。

第6章 欧州評議会の概要

社会保障政策の検討に入る前に、欧州評議会自体について概要をまとめておきたい。組織の成立の経緯や目的、活動内容について予め理解しておくことは、無用な誤解を避けるための有効な手段となりえる。

1 目　標

欧州評議会の目標については、一九四九年の欧州評議会設立条約（通称、ロンドン条約）の一条で次のように明記されている。

a　欧州評議会の目的は、共通の財産であり、かつ経済的、社会的進歩をもたらす理念や原則を守り、実現するという目的のために、加盟国の間でのより強固な統合を達成することである。

b　この目的は、共通の関心事となる諸問題に関する議論によって、また、経済的・社会的・文化的・科学的・法的・行政的な事項に関して、また、人権と基本的自由のさらなる維持と実現における条約や共同行動とによって欧州評議会の組織が追求していくものである。

c　欧州評議会への参加は、加盟国が国連や他の国際機関の活動への協力関係に影響するものではない。

d　国家的軍事に関する事項は欧州評議会の活動範囲には入らない。

つまり、法の支配の原則に基づいて、民主主義、基本的人権、自由を保障し、最終的には欧州の統合を目指して活動するのが、欧州評議会であると言えよう。そして、社会保障はすべての人の基本的人権の一環として適用されるものである。すべての人が社会保障を受ける権利を有する。このことを欧州全域で保護していくのが欧州評議会の重要な役割となる。

よくEUと比較されるが、基本的な立場がかなり異なる。欧州評議会では、加盟国が主権を維持し、協定や条約等の国際法を通じて国家責任を果たし、共通する決定に関して協力する関係にある。欧州評議会は広く欧州全域を対象に、各国に権限をかなりの程度残したままで協力関係を進展させていく。つまり、加盟国を拘束するような強力な法体系は利用せず、各国の自立を尊重した上での協力関係により緩やかな統合を目指している。

EUが当初は経済統合を主眼にしていたが、次第に軍事的な政策も包含していったのとは異なり、欧州評議会の活動範囲は限定されている。比較的利害対立が少なく、広く支持されやすい活動に限定されてきたことが、欧州評議会の存在意義ともなっている。

2　三つの柱

欧州評議会には、こうした組織目標に照らして三つの柱があると言われている。人権、民主主義、そして法の支配である。

①人　権

創設以来、人権保護は欧州評議会の重要なテーマであった。欧州人権条約に基づいて、生存、自由、安全、家族との生活、思想、宗教、表現等、すべての権利を保護することを欧州評議会は強調してきた。加盟国による批准を経て、全欧州にわたる人権保護の浸透と徹底を追求してきたのが、欧州評議会であった。

後述するような社会保障の権利保護も、人権保護の一環と位置づけられる。だが、人権保護は社会保障に限らず、より広範囲な領域を抱えている。拷問や非人道的な取り扱い、処罰の防止を訴えている。死刑制度の廃止は欧州評議会が長年にわたり強調してきた問題であり、ほぼ欧州全域で必要不可欠の合意となっている。

また、欧州評議会は、少数民族、女性、障害者、移民等への抑圧を防ぎ、多様な差別を解消し、いわゆる社会的弱者を保護するための多様な活動を展開している。

②民 主 主 義

人権保護や法の支配の確保のためには、健全で充実した民主主義的な統治が不可欠である。欧州評議会は、民主主義の基準を設定し、監視し、インフラ整備の支援を行うことで、加盟国全体を通じて民主主義的な文化を保護し、促進させる活動を行っている。

組織として、欧州評議会自体も民主主義的な運営を行っている。欧州評議会の議員会議は、四七加盟国から選出された議員によって構成され、年に四回の議会が開かれている。多様な議題に関して審議して、勧告を提示している。議会制民主主義を貫いている。

各加盟国の地方自治体に関しても、民主主義の浸透を働きかけている。『欧州地方自治憲章』が作成され、これに基づいて各国地方自治体政府が監視することになっている。各地方自治体が国境を越えたパートナーシップを発展させ、活動方法を現代化させ、倫理的な行動基準を尊重し、市民との対話を深めることを支援するものである。

③法の支配

法の支配を強化し、司法を保証し、共通基準を発展させ、法の支配に対する脅威と戦うことは、欧州評議会の重要な使命である。四七加盟国全体を通じて国内制度の監視、評価、改善を促すプログラムを欧州評議会は実施している。

司法の独立、不偏を確保することが、欧州評議会の重視しているところである。そのために、基準、手段の定義付け、職業集団の支援を行っている。司法の効率のための欧州委員会、欧州裁判官審議会、欧州検察官審議会等が各分野で活動を展開している。

法の支配をさらに強化するために、ヴェニス委員会が一九九〇年に設立された。この委員会は、加盟国に対して憲法上の基準の定義、民主主義的な制度、選挙、少数派集団の権利等の幅広い法的な問題に関して助言、相談を行っている。委員会には、国内法に限らず、国際法や政治学の専門家も擁している。

3　加盟国

一九四九年五月五日の欧州評議会設立当初の構成国は、ベルギー、デンマーク、フランス、アイルランド、イタリア、ルクセンブルク、オランダ、ノルウェー、スウェーデン、イギリスの一〇カ国であった。三カ月後に加盟したギリシャとトルコを含めた一二カ国が公式の創設国とされている。

一九九〇年代初頭には東欧諸国が一挙に加盟して、欧州評議会は拡大を遂げた。二〇〇八年現在の加盟国は四七カ国となった。カザフスタン、バチカン、そして人権問題のあるベラルーシと独立が承認されていないコソボ以外のすべてのヨーロッパ諸国が加盟している。

地理的に欧州にない国々であっても、欧州評議会の各政策の趣旨に賛同する国々は、欧州評議会に参画することができる。カナダ、日本、メキシコ、アメリカ、バチカンは欧州評議会のオブザーバーの資格を得て、閣僚委員会等のすべての政府間委員会に参加でき、自主的に財政支援もしている。なお、カナダ、イスラエル、メキシコは議員会議にオブザーバーとして参加が認められている。

4 組織

欧州評議会は、フランスのストラスブルクに置かれている。欧州評議会の多くの組織と欧州人権裁判所、欧州視聴覚研究所、欧州医薬品品質部門、欧州青年センター等はすべてストラスブルクに点在している。他方、ストラスブルク以外に拠点を持つ組織もある。欧州評議会開発銀行はパリに、南北センターはリスボンに、欧州現代語センターはグラーツにある。青年センターはブダペストにも事務所がある。欧州ヴェルゲランドセンターはオスロに開設され、文化的対話、人権、民主主義的市民性についての教育活動を行っている。

また、多くの加盟国には欧州評議会の事務所があり、特定国には連絡事務所が設置されている。トルコには計画事務所が置かれている。こうした事務所は、欧州評議会の組織であり、刑事免責等の外交特権を持つ法人格が認められている。

設立当初から、欧州評議会の基本組織に関する議論が繰り返されてきた。まず、欧州評議会は、従来の国際機関のように各国政府の代表者から構成される組織とするか、各国議員等による政治フォーラムにするかの議論が戦わされた。最終的には、両方の見解が採用され閣僚委員会と議員会議が併設される形となった。この基本構造は、EUやその他の組織においても引き継がれていった。

欧州評議会においては、加盟国は主権を維持したまま、協定等の国際法に基づいて各国の責任を果たしていく。各国の自治を前提にしながら、国際法で規定された内容に従って協力していくものである。各加盟国はその統治権限を欧州評議会に委譲するものではない点で、EUと基本的に性格を異にする。また、EUのように全加盟国の合意に基づいた二次的法律の制定によって全加盟国を拘束する法律も欧州評議会は制定しない。各機関による協定等を採択し、これを加盟国が批准し、協力していく形をとる。

欧州評議会の法定組織としては、以下のものがある。まず、全四七の加盟国の外相から構成される閣僚委員会がある。外相は個人か大使などを欧州評議会に常駐させる。議長は六カ月ごとに国名のアルファベット順に担う。次に、各加盟国議会の議員から構成される議員会議がある。各国の議員団は当該国の政治構成を反映させなければならない。行政機関として事務局があり、議員会議から五年任期の事務総長が選出される。二〇〇九年一〇月一日から、ノルウェーの元首相トールビョルン・ヤーグランが事務総長を務めて二期目に入っている。また、各加盟国内には連絡事務所が開設されている。

一九九四年に全加盟国の地方政府の代表者から構成される地方自治体会議が設立された。これ以前から、欧州評議会は一九八五年に欧州地方自治体憲章を採択し、自治体間での国境を越えた協力関係に関して活動してきた。

他方、一九五〇年の欧州人権条約に基づいて、人権と基本的自由の保護のための条約を適用する欧州人権裁判所がフランスのストラスブルクある。欧州評議会の最も大きな成果として高く評価されている。議員会議において各加盟国から六年任期の判事（再選可）によって構成される。一九九九年には、独立した人権委員会が設置された。人権委員は議員会議から任期六年で選出され、再任は不可となっている。

また、独立した組織として、欧州評議会開発銀行、医薬品の品質水準を定める欧州薬局方委員会、欧州視聴覚研究所等の各分野の機関もある。このほかにも部分協定に基づく独立した機関もある。

欧州評議会が活動する対象となる分野は、防衛を除く広い領域にわたる。社会保障もその中に含まれる。経済的な統合を優先させたＥＥＣ（欧州経済共同体）に対して、もともと人権を重視してきた欧州評議会であったため、社会保障政策はより重視されてきたとも言えよう。

現在、四七加盟国を抱え、人口では約八億人を統括している。ＥＵとは組織の目標や趣旨を異にしているが、協調している部分も多い。法的には、基準、憲章、条約、協定等を定めることで加盟国間の協力関係を構築している。最後に、欧州評議会には非加盟国でありながら協力関係にある国々もある。つまり、欧州評議会の加盟国以外に、条約や協定において欧州評議会の活動に協力する国々である。これら非加盟国との協力関係は、条約ごとに参画が認められている。

5　活　動

欧州評議会は、防衛を除き広い領域で活動を展開してきた。これまでの活動の成果としては下記のとおり整理することができよう。

- 法の支配の保護、司法協力の推進

具体的には、サーバー犯罪条約、テロ防止条約、汚職・組織犯罪に関する条約、人権と生物医学に関する条約等

- テロリズムに関する連携
- 欧州司法効率化委員会による活動
- 人権保護として、欧州レベルでの人権と基本的自由の保護を規定する欧州人権条約を採択した。拷問禁止委員会の設立、人身売買に反対する条約、子どもの性的搾取、性的虐待からの保護に関する条約、欧州社会憲章、欧州地方言語・少数言語憲章、民族的マイノリティーの保護に関する枠組み条約、報道の自由－欧州人権条約一〇条と欧州越境テレビジョン条約等でそれぞれ成果を収めている。
- 民主主義を擁護するために、欧州委員会（ヴェニス委員会）による民主改革の支援や各国議会の監督、選挙監視
- 欧州文化条約、文化財の保護に関する条約、文化協力
- 欧州レベルでの教育の権利の振興
- 公正なスポーツの推進
  アンチ・ドーピング条約、観客の暴力行為に関する条約等
- 青少年の交流や協力の推進
  欧州青年センター
- 医薬品の品質保証への助成

6 対外関係

(1) 非加盟国との関係

欧州評議会は、主に加盟国間での条約や協定に基づく活動を展開している。だが、分野によっては非加盟国との協力的な活動も展開している。案件によっては、加盟国でない国々とも条約や協定を交わす場合も少なくない。例えば、サイバー犯罪に関する条約においては、カナダ、日本、南アフリカ、アメリカ等が署名している。

このほか、学位や取得単位の認定に関するリスボン認定協定、アンチ・ドーピング条約、野生生物と自然生息地の保全に関する条約等、趣旨に賛同する諸国があれば、加盟国でなくても協力関係が構築されている。欧州の先進性を世界に普及させるプロセスとなっており、欧州評議会にとっては歓迎すべきことである。

(2) 欧州連合(EU)

欧州評議会と欧州連合との関係は特別である。等しく、欧州の統合を目指す組織でありながら、加盟国も違い、政策手法も異なる組織であるが、多くの分野において利害が一致しており、強調関係が構築されてきた。当初、欧州評議会に加盟して、その後にEUの加盟国になっていく国も多かった。

二〇〇一年には、欧州評議会とEUの欧州委員会は、協力とパートナーシップに関する共同声明を発している。協調行動がさらに強化された。多くの協調行動は、特定国の問題に関する対応であった。また、国家間の特定の問題について強調した場合も多い。例えば、少数民族、組織犯罪、汚職、生物医学の倫理、死刑制度、差別等の問題である。欧州評議会とEUはほぼ同じ価値観を共有し、活動も協調できる関係にある。

(3) 国際連合

欧州評議会は、国連関係機関とも密接な関係にある。国際連合のオブザーバーとしての地位が、欧州評議会に認められている。国連の総会には、欧州評議会の代表を派遣している。また、国連の地域会議が開かれる際に、人権や差別等に関する議論には欧州評議会も積極的に参画している。国連の各分野別の政策展開に関しても、関係する各機関の行事に対して欧州評議会は協力関係にある。

(4) 非政府組織

欧州評議会には、非政府間国際機構会議があり、政府間の専門家会議に非政府組織から参加することが認められている。一九八六年に、国際非政府組織に対して欧州評議会は法人格認証を与え、活動を正規化するための法的措置が取られてきた。欧州人権条約の一一条に規定されている結社の自由の権利を保護する実践事例となっている。一九九三年に欧州評議会の閣僚委員会で、欧州評議会と非政府組織の関係に関する決議が採択され、非政府間国際機構会議の諮問資格について規定された。

7　法的構造

欧州評議会の審議を経て、総会で採択されると欧州評議会の条約となる。条約は各国の国会で承認を受けると調印され、批准されることになる。批准が承認されると、その条約は国内法の一環と同様に各加盟国を法的に拘束することになり、各国は条約に従うことになる。欧州評議会は、その後、加盟国が条約の内容を遵守しているか、監督することになる。閣僚委員会がこの任にあずかる。

資料1　欧州評議会の主要な条約

1950	欧州人権条約
1954	欧州文化条約
1961	欧州社会憲章
1964	欧州薬物条約
1969	欧州考古学遺産保護条約
1977	移住労働者の法的地位に関する欧州条約
1977	テロリズム抑制欧州条約
1979	欧州野生生物・自然動植物生息地保護条約
1981	個人情報の自動処理に関する個人保護条約
1985	欧州地方自治体憲章
1987	欧州拷問防止条約
1989	反ドーピング条約
1992	地域少数派言語のための欧州条約
1995	国内少数民族保護のための枠組み条約
1996	欧州児童権利保護条約
1997	人権と生医学に関する欧州条約
2000	欧州景観条約
2001	サイバー犯罪に関する条約
2005	人身売買に対抗する行動条約
2007	児童の性的虐待からの保護条約
2011	女性の暴力防止条約
2011	医療犯罪条約

主な部分合意

1956	欧州評議会開発銀行条約
1964	欧州薬剤条約
1977	重度障害者カード
1980	薬物売買防止協力グループ（ポンピドゥーグループ）結成
1987	自然災害・技術災害救済組織協力グループの（EUR-OPA）結成
1988	創造的映画・視聴覚作品の共同制作と配給に関する欧州支援基金
1989	グローバル相互依存・連帯の欧州センター
1990	法を通じた民主主義のための欧州委員会
1991	ユースカードを通じた若年者移動に関する部分合意
1992	欧州視聴覚監視所
1994	欧州現代言語センター
1999	汚職に対抗する国家グループ
2007	スポーツに関する拡大部分合意
2011	文化ルートに関する拡大部分合意

（資料）Council of Europe, *The Council of Europe 800 million Europeans*, 2012.

欧州評議会の法律で特徴的なことは、「部分合意」と称されるものである。必ずしもすべての加盟国が合意しなくても、共通する目的を追求することで協力して活動していくことには合意するものである。実際に調印した国のみが、財政やその後の発展に直接貢献していくものである。制定時点では特定国が法律に従うことができなくても、それ以外の加盟国が合意することで法律として成立させることができる。

全会一致で成立することを基本とするＥＵの法律とは異なり、部分合意が認められることで、より多数の加盟国を抱える欧州評議会にあって、法律の成立の可能性が高くなっている。実際、欧州評議会は多くの条約を成立させている。欧州評議会が制定した主な条約や協定は資料１（六三頁）のとおりである。これ以外にも多くの条約が成立している。

社会保障に関しても、ＥＵのようにすべての加盟国に強制適用されるものとは異なり、批准した国にのみ適用されていく手段をとる。したがって、社会保障政策の統一的な実行という意味では、不十分な側面がある。しかし、だからこそ成立が可能となる法律も多い。時間をかけて、次第に適用対象を拡大していくやり方が欧州評議会の場合である。

第7章　欧州評議会社会保障政策の歴史

欧州は長い歴史を有するが、欧州評議会の歴史は短く、第二次世界大戦後の組織にすぎない。振り返ってみれば、欧州は戦争の歴史の舞台であった。欧州は、長い歴史において、宗教や民族、経済等いろいろな理由によって、常に各国間で戦争が繰り広げられた。二度の世界戦争においても、欧州各国間で激しい戦闘が繰り返された。各国の利害関係を超え、欧州全体で共通する利益を追求するために、欧州統合を目指す組織として生み出されたのが欧州評議会と言えよう。

(1) 創　設

第二次世界大戦後の荒廃した欧州にあって、諸国間の和解と新たな統合が構想された。欧州レベルでの統一的な組織が、共通する政策を進めることが模索された。一九四六年九月一九日、チューリッヒ大学での講演の中でウィンストン・チャーチルは、「ヨーロッパ合衆国」の樹立と欧州評議会の創設を提唱した。チャーチルは、それ以前の一九四三年にイギリスのラジオ放送で、欧州評議会の創設を主張していた。

一九四八年、欧州評議会の構想が実際に検討されたが、最初に議論となったのは基本的な組織構造であった。これまでのような各国政府の代表者から成る組織とするのか、あるいは、より広く加盟各国の議員による政治フォーラムを組織化するのか、という議論が展開された。最終的には、両論が取り入れられ、政府代表による組織と各国議会代表が別個に機能する組織構造が欧州評議会の基本となった。その後、この方法はＥＥＣはじめ他の国際機関にも大きな影響を及ぼした。欧州評議会もＥＥＣも等しく欧州の統合を目指して設立されたが、常に欧州評議会はＥＥＣに先行してパイオニアとして活動してきたことが重要である。

欧州評議会（Conseil d'Europe）は、一九四九年五月五日のロンドン条約によって、西ヨーロッパの一〇カ国が人権、民主主義、法の支配という共通価値観を実現するために加盟国の協調関係の拡大を目的としてフランスのストラスブルグに設立された。

後述のとおり、一九五七年にはローマ条約によってＥＥＣが創設された。ＥＥＣの創設六カ国と欧州評議会の創設加盟国が異なる。イギリス、アイルランド、スウェーデン、ノルウェーの四カ国は、欧州評議会には加盟していたがＥＥＣには当初加盟しなかった。また、トルコは欧州評議会には創設三カ月後に加盟しているが、ＥＥＣには未だに加盟が認められていない。宗教対立も含め、ＥＵにおいてはトルコ加盟に対して反発も大きく、デリケートな問題が残されている。

戦後の欧州では、各国はＥＥＣに加盟するか、欧州評議会に加盟するか、あるいは両方に加盟するか検討したに違いない。その判断は、各国の外交上極めて大きな選択肢であったと想像できる。

（2）欧州社会保障法の展開

一九四九年にパリで調印された五カ国による社会保障協定を欧州評議会のすべての加盟国に拡大適用する可能性について諮問会議が勧告した。しかし、専門家委員会は多くの加盟国があり、二国間の協定のネットワークを構築していくには多大な時間を要すると考え、そこで特別な対策を考案した。暫定的な協定を作成し、その段階で調印できる国だけが参画し、時間をかけて全加盟国が参加する協定に発展させていく案であった。本来ならば、合意がすべて形成されてから条約が制定されるところである。この案が実現し、一九五四年七月一日に、欧州社会保障暫定協定が締結された。

この時の暫定協定は、老齢・障害・遺族給付に関する協定とそれ以外の社会保険給付に関する協定の二つから成り立っていた。一九五四年には、欧州社会扶助・医療扶協定が成立して、それまで暫定協定が扱ってこなかった制度に適用対象が広げられた。その後、各加盟国間で検討が続けられ、一九五九年にいよいよ欧州社会保障協定が成立した。これまでの政策は、主として加盟国間の社会保障制度の「整合化」を扱う内容であった。

この一連の流れと並行して、欧州評議会は世界人権宣言に登場してくる自由権を集団的に保障する手段として、欧州人権条約を締結した。一九五〇年にローマで調印され、一九五三年に発効された。この条約は法律制定時には合意に達していなかった事項についても、後日合意が成立すれば議定書によって追加して法制化される形式を採用した。

この欧州人権条約の実効性を保障する目的で、一九五九年に欧州人権裁判所がストラスブルクに設立された。欧州人権裁判所は、欧州評議会加盟国における人権侵害事案に対する判決を下す組織である。加盟国は判決に従い、条約を履行する義務を負う。

さらに、欧州評議会は一九六一年に欧州社会憲章を制定し、社会保障への権利を含め広く人権について基本条項を示した。最後に一九六四年、欧州社会保障法典が締結された。社会保障制度の最低基準に関して制度別に規定し、加盟国の順守を求めた。この段階での展開は、社会保障の「調和化」を目指す政策に位置付けられる。

（3）人権問題への対応

欧州評議会は社会保障に限らず、広く人権問題に取り組む組織である。一九八七年に制定された欧州拷問防止条約の適用状況を監視するために、拷問防止欧州委員会が欧州人権裁判所に沿って設置されている。加盟国域内で非人道的で品位を落とす拷問が行われていないか監督している。人権委員会長官（コミッショナー）は、一九九九年に創設されたポストであるが、重要な役割を担っている。人権に関する周知徹底を広め、人権思想の充実を啓蒙する。問題となる政府に対して強制力を行使し、積極的な対話を展開していく役割を担っている。

欧州評議会は、障害者や高齢者、少数民族等の社会的弱者の人権保護と社会的統合に努力してきた。民族主義に対する活動も活発である。反民族主義欧州委員会（ＥＣＲＩ）は、欧州評議会の独立した機関として組織化され、民族主義や民族差別、外国人排斥と戦う専門家の集団であり、各国を監視している。調査結果を報告し、各国政府との相談にも応じ、関係する特定集団の代表と対話も行っている。

一九九六年には欧州社会憲章が改正された。時代の要請に応じて、市民の権利の対象が拡大された。当初からの項目に加えて、住宅、保健、教育、雇用、社会保護、無差別を保護し、すべての加盟国市民の日々の生活を改善することがより鮮明に規定づけられた。

こうして、欧州評議会は加盟国の社会保障制度の運用に際して「整合化」と「調和化」を進めてきた。ＥＵのように強制力は強くはなく、進展は緩やかではあるが、着実に効果をあげてきている。実際に、各加盟国の社会保障制度は接近化しつつあり、戦後改善を続けてきたことで、その成果が評価されてきた。

資料2は、ＩＬＯとＥＵと欧州評議会の主要な社会保障関係の法律を整理したものである（六九頁）。まず、ＥＵに対して欧州評議会は常に政策の先行事例となってきた。欧州評議会の欧州社会保障協定は、ＥＣの社会保障に関する「規則」につながるものであった。また、欧州評議会の欧州社会憲章はＥＣ社会憲章へも影響している。

資料２　国際社会保障法関係史

年	ILO	欧州評議会	EU	世　界
1911				国際連盟設立
1919	ILO 設立			
1933	外国人の社会保障平等待遇条約			
1935	移民の権利保全条約48号			
1945				国際連合設立
1946				UNICEF, UNESCO 設立
1948				WHO 設立, 世界人権宣言
1949	移民労働者条約97号	欧州評議会設立		
1950		欧州人権条約		UNHCR 設立
1951				難民条約
1952	社会保障の最低基準条約102号			
1953		欧州社会保障暫定協定		
1954		欧州社会扶助・医療扶助協定		
1957			ローマ条約（EEC 設立）	
1959		欧州社会保障協定		
1961		欧州社会憲章		WFP 設立
1962	社会保障内外人平等待遇条約118号			
1964		欧州社会保障法典		
1965				人種差別撤廃条約
1966				国際人権規約
1967			欧州共同体（EC 設立）	
1971			社会保障「規則」1408/71	
1972			社会保障「規則」574/72	
1975	移民の機会均等促進条約143号			
1978				UN-HABITAT 設立
1982	権利保全の国際システム条約157号			
1989			EC 社会憲章	
1990				外国人保護条約
1991			欧州連合条約（EU 誕生）	
2007			リスボン条約	

（資料）筆者作成.

他方、ＩＬＯに対しては、世界を舞台に展開してきたＩＬＯの政策を欧州域内でよりレベルの高い独自の行動を展開してきたのが、欧州評議会である。ＩＬＯの社会保障の最低基準に関する一〇二号条約は、欧州評議会の欧州社会保障法典と連動していることは内容的にも明らかである。

このように、欧州評議会は一方では世界を守備範囲に据えるＩＬＯとより限定的な欧州の加盟国を扱うＥＵとの間に介在し、独自の社会保障政策を展開してきた。国際社会保障法として欧州評議会の果たした役割は、極めて大きい。

人権問題を重視する欧州評議会は、広く欧州全域における人権問題に関して監督し、公正な取り扱いを誘導し、周知徹底させるために、一九九九年に人権監督官（Commissioner for Human Rights）制度を発足させた。独立した組織である。人権監督官は広く加盟国政府や関係団体と対話する。

民族主義に対抗する欧州委員会（ＥＣＲＩ：European Commission against Racizm and Intolerance）も独立した制度として組織化され、民族差別や外国人排斥主義と戦う専門家を結集させ、監督にあたっている。

他方、二〇〇八年には、欧州反人身売買条約が施行された。人身売買業者を訴え、犠牲者を保護、救済する目的で、専門家委員会（ＣＲＥＴＡ）が組織化された。さらに、二〇一一年には女性への暴力・ＤＶ防止条約が制定された。このほか、子供の権利保護の活動も並行して展開してきた。

薬物売買と健康政策に関する取り組みも欧州評議会の場で積極的に活動を展開してきた。一九九七年には、人権と生医学に関する欧州条約が締結され、生医学における倫理的実践を保護している。薬物の悪用、売買に対抗するタスクフォースであるポンピドゥーグループが組織され、加盟国間の薬物問題に関する協力関係を構築し、公衆衛生の監督も行っている。ほかに、欧州薬剤の質と保健のための取締会議（ＥＤＱＭ：European Directorate for the Quality of Medicines and Healthcare）も組織され、人間への高品質の薬剤の保証のために活動している。

二〇一〇年には閣僚委員会において、医薬品の偽造撲滅条約が採択され、医薬品の偽造に対する国際的な刑法が制定された。医薬品の偽造への国家間の狭間を埋め、欧州が全体で連携してこの問題に取り組もうとする意思が現れている。

第8章　欧州評議会の社会保障政策（1）
——基本構造——

欧州評議会の活動の範囲は多岐にわたるが、その中で社会保障政策は一つの重要な活動領域となっている。欧州評議会が重視する人権保護にとって、社会保障は一つの重要な要素になるからである。ここでは、欧州評議会の社会保障政策の枠組みをまとめてみよう。

1　欧州人権条約と欧州人権裁判所

欧州評議会は、人権と基本的自由の保護を欧州レベルで進めるために、欧州人権条約（人権と基本的自由の保護のための条約）を一九五〇年に成立させた。欧州評議会が設立された一九四九年の翌年になる。この条約は、国際連合が発した世界人権宣言の中に登場してくる自由権を、欧州全体で保障することを目指したものであった。一九五〇年にローマで調印され、一九五三年に発効された。

欧州人権条約は、第一節ですべての人の権利と自由について規定している。続く第二節では、欧州人権裁判所の設立から運営方法に関する規定を盛り込んでいる。欧州人権裁判所があることで、人権に関する規定が実効性を確保することになる。各国の法律によるものではなく、統一的な法律に関して、統一的な解釈が示されることになる。実際に、欧州人権条約に基づいて、欧州人権裁判所が一九五九年に設立された。人権を侵害された人は、国内の裁判所とは別に、直接、欧州人権裁判所に訴えることが可能になった。欧州人権条約は、欧州全体に大きな影響を及ぼしたと言えよう。批准を経た上での発効ではあるが、実際に多くの加盟国が批准しており、条約を遵守している。

欧州人権条約でとりあげられた自由権とは、生存権（二条）、拷問・非人道的待遇または刑罰の禁止（三条）、奴隷・苦役・強制労働の禁止（四条）、身体の自由と安全（五条）、公正公開の審理と裁判を受ける権利（六条）、罪刑法定主義（七条）、刑事被告人の諸権利、警報の不遡及、プライバシー保護（八条）、思想・良心・宗教の自由（九条）、表現の自由（一〇条）、集会・結社の自由（一一条）、婚姻の権利（一二条）、救済措置を受ける自由（一三条）、差別禁止（一四条）、緊急時における離脱（一五条）、外国人の政治活動（一六条）、権利濫用の禁止（一七条）、権利制約自由の使用に関する制限（一八条）であった。

世界人権宣言が三〇条からなる広範で、一般的で、簡潔な内容であったのに対して、欧州人権条約は自由権のみを扱っているが、内容がより具体的で詳細な規定を盛り込んでいる。また、欧州人権条約の二節は欧州人権裁判所に関する規定を含み、人権保護の具体的な運用を明らかにしている。

欧州人権条約の一九条では、欧州人権裁判所の設置を規定し、裁判官の数（二〇条）、就任の基準（二一条）、裁判官の選挙（二二条）、任期（二三条）、解任（二四条）から、裁判所の構成、運営、権限、管轄、審理、判決等について規定している。最終の五九条では、署名、批准に関する規定を設けている。

裁判官は六年任期で、再任可、書記局や書記事務次官についても規定がある。審理に関しては、三人の裁判官で構成される委員会、七人の裁判官で構成される小法廷、一七人の裁判官で構成される大法廷が置かれるとされている（二六条）。

欧州人権裁判所は、国家間の事件についても裁判所に付託することができると規定している（三三条）。また、「裁判所は、締約国の一つによる条約または議定書に定める権利侵害の被害者であると主張する自然人、非政府団体、または集団からの申し立てを受理することができる。締約国は、この権利の効果的な行使を妨げないことを約束する（三四条）と規定している。つまり、個人が直接欧州人権裁判所に申し出することが広く認められている。

欧州人権条約は、すべての人の自由権の保護を目的としており、労働者の権利、社会保障を受ける権利、教育を受ける権利等の社会権については、言及していなかった。後述の欧州評議会の社会憲章が具体的な社会保障等の規定を盛り込む形となっていった。この欧州人権条約は、後の国際連合の国際人権規約の自由権規約の参考モデルとなった。また、そのほかの人権条約にも多大な影響を及ぼしていった。

欧州人権裁判所の判決は強制力を伴い、締約国は従わなければならないし、欧州評議会の閣僚委員会がその法の執行の監視を行うことになっている（四六条）。こうして、欧州評議会は人権を推し進めるために欧州人権条約の履行を確実にするための確固たる法的手段を確立したのである。

欧州評議会の加盟国に関しては、欧州人権条約は欧州全域の単一法であると同時に、市民社会への共通する価値観の普及に貢献し、条約の内容は欧州の共通する目標になった。そして、欧州人権裁判所がこの活動の最先端を担う組織となった。

一九五九年に設立された欧州人権裁判所は、個人、団体、政党、国籍にかかわらず条約違反を審議することができる。裁判所の判決は、最高意思決定機関である閣僚委員会によって監督される。閣僚委員会は、すべての加盟国の外務大臣、ストラスブルクに常駐の各国政府代表を含む組織である。

2 国際社会保障法の構造

（1）目　的

欧州評議会の目的については、既述のとおり、条約一条に示されている。社会保障に関しては、欧州評議会による欧州暫定社会保障協定、そして、欧州社会保障協定には、二つの目的があったと言われている。第一の目的は、加盟国のすべての国民がその他の加盟国内の社会保障法において、当該国民と平等待遇を受けることを保障することであった。他の加盟国に移住した労働者が、当該国で社会保障の適用上差別されて、無保証になることを回避することが重要であった。

地続きで周辺隣国と接していて人の移動がいつの時代も頻繁な国々では、外国人への社会保障の適用問題は常に大きな問題となってきた。社会保障に限るものではないが、外国人ということで適用上の差別や不当な扱いをされることは大きな問題として認識されてきた。これに対応することが、長く求められてきた。

第二の目的は、当初はごく少数の調印国間で認められていた二国間、あるいは、複数国間の社会保障協定をすべての加盟国間に普及拡大させることであった。二国間で達成した恩恵は、二国間だけで享受するのではなく、広く欧州全体で共有できるものとすることが本来の趣旨である。このことは、欧州統合へも好材料となるはずである。

（2）「調和化」と「整合化」

国際社会保障法は、「調和化」と「整合化」の二つの手段に区分できる。まず、「調和化」は、さらに、統一的「調和化」と最低限の「調和化」がある。統一的「調和化」は、対象国に対して関係法規の統一を要求する。各国が同じ法規に従って、同じ運用をすることに他ならない。標準化とも言われる。その標準的な水準以下でも以上でも認められないことになる。この国際的な法律に当該国の国内法が矛盾する場合は、国内法の改正が必要となる。

他方、最低限の「調和化」とは、最低基準を設定するだけで、各国がそれ以上の水準を持つことは自由に認められる方法である。つまり、最低限の「調和化」の方がより緩やかな統合と言うことができよう。この最低基準を満たしてさえいれば、批准が可能となる。

「整合化」は関係国間で外国人の社会保障の適用に際して技術的に、法的に、連携する措置をとることであり、当該国の国内法は改正されず、当該社会保障制度は以前と変わりなく運用され、維持される。移民をめぐって社会保障の適用に際して調整が必要な場合のみ、特別な規則に従うことになる。「整合化」は関係する諸国間の連携の上に、可能となる国際法の一部を構成する。欧州評議会が重視してきたのは、この「整合化」の規則である。各国の法律改正を伴わなくて済むため、より成立しやすいのが「整合化」と言えよう。

欧州評議会の社会保障関係の法律は「整合化」と「調和化」の両方の活動が展開されてきている。欧州社会保障暫定協定にはじまり欧州社会保障協定までの法理は、「整合化」政策の一環である。他方、欧州社会憲章と欧州社会保障法典は「調和化」政策の一環と位置づけられよう。

こうして、欧州評議会は加盟国の社会保障制度の運用に際して「整合化」と「調和化」を進めてきた。EUと違い強制力は弱く、進展は緩やかではあるが、着実に効果をあげてきている。実際に、各加盟国の社会保障制度は接近化しつつあり、戦後改善を続けてきたことで成果を評価されてきた。

3 「整合化」の基本原則

欧州評議会が示している社会保障の「整合化」は、以下のような基本原則に従って運営されてきている。

①内外人平等待遇

外国人を国民と差別的に取り扱うことを禁止する。直接的な差別だけでなく、間接的な差別も考慮される。直接的な差別とは、社会保障を国民に適用を限定し、国籍を理由に外国人は適用対象から排除すること等が該当する。他方、間接的な差別とは国民も外国人も等しく同じ規則に従うが、実質的にはその条件が外国人にとっては不利益をもたらし差別的な意味合いを持つ場合等が該当する。

例えば、児童手当制度の対象となる児童に居住要件があると、国民と平等待遇であっても、外国人労働者で単身赴任の場合は母国の児童に当該国の児童手当が適用除外されてしまう。これも間接的差別の事例であり、居住要件は排除されるべきである。逆に、国民であっても子供が海外に居住していれば適用されなくなり、国民も外国人も平等であるとも考えられる。しかし、実際には外国人に圧倒的な不利益となることは明白である。

②適用法の決定

移民労働者の社会保障の適用に際しては、いろいろな問題がある。二重適用や無適用は回避しなければならない。どちらの国の法律が適用されるか、その決定方法については、いくつか方法がある。

通常は雇用国の社会保障法が適用されるが、出身国の法律が適用される場合もあり得る。どちらの国の法律が適用されるかを決定することは容易ではなく、特別の規則が必要とされる。国際的に移動を伴う輸送業においては、国境を越えて労働する企業の所在地の属する国の社会保障法が適用されるのが一般的である。船員の場合は、船籍のある国の法律が適用されることになる。複数の国々で就労する労働者や自営業者に関しては、適用制度の決定に関して特別な規則が必要である。

また、この決定は制度によってもニーズの違いがある。医療や介護のような現物給付のサービスの場合と現金給付とでは同様に扱えない場合もある。基本的な考え方は、いずれか一つの国の法律が適用されることである。必ず関係国が納得できるように、一つの法律の適用が決定されるべきとの規則である。

③既得権の保持

受給資格要件においては、以前他の国々での既得権を認めることを原則とする。そうでないと、国を越えて移動する人の社会保障権が著しく阻害されてしまう。具体的には、資格期間の合算措置を意味する。多くの場合、特定の社会保障を受給するために、被保険者期間や居住期間等を条件とする。複数の国々を渡り歩いてきた外国人の場合、この条件によって社会保障制度の適用条件を満たさなかったり、満たしても著しく不利益を招いたりする。当該国以外の実績を互いに評価する措置が必要となる。

④給付の国外送金

老齢年金や障害年金、遺族年金等のような支給が長期にわたる社会保障制度の場合、将来の給付の国外への持出しに関する規則が重要になる。現在、当該国で社会保障給付を受けている外国人が母国に帰国することになったと仮定しよう。属地主義に基づいて、国を離れると受給資格を喪失することを国内法が規定していたら、その外国人は帰国することで受給権を失うことになる。また、場合によっては、受給権は保持されても、給付額の削減やその他の不利益な措置の対象となる可能性もある。失業給付等の短期給付においても、また、医療等の現物給付においても、このような外国人労働者に不利益な措置は社会正義に反するものであり、国際移動による不利益をもたらすべきではない。

4 「整合化」の法的手段

社会保障の「整合化」規定は、国際法の一部として協定や条約の形で文書化される。具体的には、次のような法的手段が講じられる。

(1) 二国間協定や複数国間協定

社会保障の二国間、あるいは複数国間協定とは、前記の四つの原則のうち一つ以上の原則を社会保障の一つ以上の制度に関して遵守することを、二国間あるいは複数国間で合意するものである。実際には、初期の二国間の社会保障協定は主に職場の事故災害に関するものが中心であった。二〇世紀になって、移民はより複雑化し、大量化したため、より広範囲な二国間協定のニーズが高まった。

二国間の社会保障協定が展開された後に、場合によっては、ほぼ同様の内容の協定を締結した複数の国々の間で同じ内容の社会保障協定が締結されることもあった。特に、地理的に隣接する国々の間で複数国間協定が成立していった。ほぼ共通する利害関係にある複数国間で協定が拡張していった経緯がある。

欧州評議会は加盟国が多様な二国間協定を締結していることから、独自にモデル規定を提示している。モデル規定は加盟各国に対して直接的な拘束力はなく、各国は柔軟に対応できるものである。このモデル規定の目的は、二国間あるいは複数国間の社会保障協定をより単純化させ、より早く締結することを促進することにある。モデル規定は、社会保障の「整合化」に関する四つの基本原則をすべて満たすものである。

(2) 多国間協定

社会保障の「整合化」原則の一つ以上について、多くの国々の批准を求めて採択される協定を制定するという法的手段がある。主に、国際機関によって草案され、その加盟国が批准するという形をとる。加盟国は批准を強制されずに、あくまで自発的に批准する。

一般にこの多国間協定においては、二国間協定に比べて、法的に規定する内容が標準的な規則に終始し、具体的な取り決めにまで至らない。各国が多様な社会保障制度を実施しているため、多くの国々の批准を想定すれば、より具体的な規定には馴染まないからである。

ＩＬＯが採択した多くの条約が、この種の形態をとっている。ＩＬＯは労働条件や社会保障制度に関して、多くの最低基準や基本条件等を規定している。各国政府は、その基準を満たすべく条約を批准する。欧州評議会も同様に、社会保障に関して特定の基準を規定する協定や議定書等を締結し、加盟国に対して条約の批准を求めている。

(3) 超国家的法律

特定数の国々が超国家的な組織を構築し、その組織がその加盟国に対して拘束力を伴うような独自の超国家的な法律を制定する。この場合、加盟国はもはや法律に完全に従わなければならなくなり、批准するかしないかの自由はない。条約の内容に、社会保障の基本原則を一つ以上含むものである。

ＥＵの社会保障関連の法律が、この典型的な事例となる。ＥＥＣの時代から、社会保障に関する「規則」が制定され、各国の社会保障を拘束してきた。各国国内の社会保障法に優先して適用されてきた。つまり、各国の国内法と不一致があっても、ＥＵの法律が上位規定として優先的に適用されるのである。

以上、三つのレベルの法的手段に関して、実際に特定の移民が社会保障に関して何らかの問題を生じた場合、どの法的手段に依存するかというと、第一に超国家的な法律が優先され、続いて多国間協定、そして、二国間あるいは複数国間の協定の順で適用されるのが一般的である。

第9章 欧州評議会の社会保障政策（2）

——社会保障の「整合化」——

ここでは、欧州評議会が制定した社会保障関係の法律のうち、社会保障制度の「整合化」に関係する法律に関して、法律ごとに主な内容を具体的に紹介していこう。

1 欧州社会保障暫定協定（一九四九）

欧州評議会が創設された同じ年に、国際社会保障法も輝かしいスタートを切った。一九四九年九月に当時の諮問会議（現在の閣僚理事会：Parliamentary Assembly）で、社会保障領域において外国人に国民と同様の社会的権利を保障する可能性について欧州評議会の役割に関する勧告を採択した。その際、ブリュッセル条約に調印した五カ国の間で、一九四九年一一月七日にパリで調印された社会保障条約の規定をすべての加盟国に拡張適用することの可能性が議論された。

ベルギー、フランス、ルクセンブルク、オランダ、イギリスの五カ国はすでに二国間協定によってそれぞれの社会保障制度に関して当該国国民と相手国国民を平等に適用することを保障する協定を締結していた。さらに、この一九四九年の相互条約は五カ国すべてにおける平等待遇を規定した。

各国の社会保障制度の複雑さや大きな違いから、一九五〇年に社会保障の専門家委員会を立ち上げた。専門家委員会は検討依頼内容の実現可能性は困難との結論に達し、暫定的な手段として二つの経過的な相互協定を提案した。一九五三年一二月一一日に、二つの社会保障に関する暫定協定が調印され、一九五四年七月一日より施行された。この協定の目的は二つあったとされている。第一に、協定の調印国国民が他の加盟国の国民と平等待遇を受けることである。欧州評議会の他の加盟国出身者が当該加盟国に滞在する場合、国民と同等の処遇をしなければならない。社会保障に関して国籍による差別禁止を徹底させるものである。

そして、第二の目的は、社会保障に関するそれ以前の二国間協定や複数国間協定の内容の恩恵をすべての加盟国に拡張適用させることにあった。つまり、特定国間の便宜を広く欧州全体で共有しようというものであった。

暫定協定は一般的な欧州社会保障協定を目指して結ばれたが、実は欧州社会保障協定成立後も施行を継続してきた。加盟国は欧州社会保障協定と暫定協定のいずれか一方、あるいは、両方を批准するか選択することが可能となっていた。

二つの暫定協定とは、老齢・障害・遺族給付に関する欧州社会保障暫定協定と老齢・障害・遺族以外の給付に関する欧州社会保障暫定協定である。後者は具体的には、疾病、出産、死亡給付と労働災害給付、失業保険給付、家族給付等を含むものである。つまり、対象制度に応じて二つの暫定協定になっている。さらに、ここで強調すべきことは、公的扶助制度、公務員の社会保障制度、戦争による負傷等による恩給制度等は両暫定協定の適用対象から除外されていたことである。

何故、一つの暫定協定に統合されなかったのか、疑問が残るところである。当時の情勢から、加盟国には疾病給付や失業給付等の短期の社会保障給付については合意する準備のできた国が多かったが、老齢年金や障害者給付、遺族給付等の長期の社会保障給付については、まだ決断できない国も少なくなかった。老齢年金や障害給付、遺族給付は生涯に渡る長期給付で、技術的にも短期給付と異なる対応が必要な部分もあり、合意は比較的困難と思われていた。合意が比較的容易な制度と困難な制度を分けて、できるところから進めていき、最終的には時間をかけて両者の合意を確立しようと計画されていた。二つの暫定協定を提案したことで、すべての加盟国がいずれか一つ、あるいは、二つの暫定協定を締結することが可能となった。

この暫定協定に関しては、監督、監視についての規定を設けていなかった。つまり、欧州人権条約のように、加盟国の条約内容の施行を監督する法的組織が不在であった。しかし、各国の専門家委員会が定期的に会合を開き、暫定協定の施行状況と法律の解釈について議論を繰り返してきている。もし、深刻な問題が出た場合、交渉によって問題解決を目指すことになる。場合によっては、適切な仲裁を必要とするだろう。仲裁の結果は、当事者にとって最終決定となる。

この暫定協定はすべての欧州評議会加盟国に対して、調印の上で有効となる。さらに、加盟国でなくても、欧州評議会の閣僚委員会によって受け入れが歓迎されている。通常、国家元首によって条約が調印され、正規の手続きによって批准が承認されたら、翌月の一日から施行に入る。この施行日から当該暫定協定とこれまで該当しなかった関連する二国間、あるいは、多国間協定も適用対象に突入する。

批准した後に、一方あるいは両方の暫定協定の適用を終了することは加盟国にとって自由に決めることができる。しかし、仮に終了しても、加盟国は次のような条項を守らなければならない。

第一に、既得権は保護しなければならない。すでに受給権を確定して受給中の場合は、法律の施行を終了して以降も継続して支給しなければならない。

第二に、それまでに国外送金してきた給付は、その後も引き続き送金を続けなければならない。

第三に、適用終了以前の居住期間、拠出期間、雇用期間等は二国間、あるいは、多国間の協定において資格認定期間として考慮しなければならない。

最後に、暫定協定は一九五四年一〇月一日の議定書が付されている。議定書において規定されているのは、難民への適用についてである。暫定協定の適用対象には難民も含まれる。なお、「難民」の定義は、一九五一年の難民に関するジュネーブ条約の規定に従う。難民は加盟国出身者でなくても、加盟国国民と同様に扱われる。

(1) 老齢・障害・遺族給付に関する欧州社会保障暫定協定

前述のように、国民と外国人との社会保障における平等待遇について（二条、三条）、そして、二国間および多国間協定をすべての調印国に拡張適用することについて（四条）、老齢・遺族・障害給付の適用に関して規定している。

まず、障害年金に対しての差別禁止規則は、申請者が障害の発症以前に批准国を「通常の居住」としていた場合に適用される。障害年金が税方式に基づく制度であろうと社会保険方式に基づく制度であろうと関係なく、この規則が有効になる。この規定は、より良い障害年金を求めて居住地を変更する悪用を回避するための措置である。

ただし、無拠出制年金制度への差別禁止規定が適用されるためには、以下のような条件が付されている。

① 批准国に二〇歳以降に最低一五年以上の居住（一五年は必ずしも連続していなくても良い）
② 「通常の居住」とは、申請前に中断なく五年間以上の居住を意味する。
③ 申請者は、受給開始後も継続して「通常の居住」にあること

以上の条件を満たさない場合は、差別禁止規則が適用にならない。したがって、実際には差別的に扱われても救

済されないことになる。他方、拠出制の年金の場合は、この条件はもとより課されないし、最低居住期間も求められないのが一般的である。

拠出制年金の場合、差別禁止規則はいずれかの調印国に居住するすべての場合に適用される。拠出制の年金においては、受給開始後に通常の居住地への居住を強制していない。無拠出制の年金と異なり、国外の年金受給者に送金することも可能である。

前記の条件を満たしていない場合は、国民との平等待遇は排除されないことになる。つまり、外国人ということで社会保障の適用から除外されたり、受給権を認められなかったりすることがある。

二国間、あるいは、多数国間協定が存在する場合、以下の条件を満たさなければ、無拠出制年金に関しては拡張適用されない。第一に、年齢二〇歳に到達後最低一五年間以上居住していること。第二に、申請前に最低五年間以上当該国に中断なく通常の居住をしていたこと。これらの条件が満たされていないと、二国間、あるいは多国間協定に基づく特恵的な規定は適用されないことになる。

この老齢・障害・遺族給付に関する欧州社会保障暫定協定は、最初の調印が一九五三年一二月一一日で、一九五四年七月一日より発効している。二〇一五年現在で、調印、批准、発効ともに二一カ国となってる。多くの国々の批准が期待されていたが、後述の老齢・障害・遺族以外の制度と同じ数の国々の批准にとどまっている。

(2) 老齢・障害・遺族以外の給付に関する欧州社会保障暫定協定

老齢・障害・遺族給付以外の社会保障制度に関しては、別の暫定協定が制定されている。協定の内容は老齢・障害・遺族給付に関する欧州社会保障暫定協定とほぼ同様の内容になっている。つまり、国民と外国人の間の社会保障の平等待遇（二条、三条）と二国間・多国間協定の他の締約国への拡張適用（四条）が主な内容となる。以下の規定が適用される。

①いずれかの批准国に居住する者であれば、差別禁止規定は労働災害補償制度に適用される。労災制度が拠出制か無拠出制かとは関係ない。例えば、A国の市民がB国で労災事故で被災し、家族のいるC国でケアを受ける場合、A、B、Cすべての国がこの暫定協定を批准していれば、C国においてB国の労災補償をA国市民が受けることができる。

②労災以外の制度では、当該社会保障を申請する国での通常の居住が受給要件として必要になる。もし、ある国の国内法で給付の国外送金を規定している場合でも、一度通常の居住を終了してしまったならば、国外での受給については制限を受けることになる。つまり、一度居住をやめてしまうと、当該国の差別禁止規定が適用除外となり、差別待遇として排除できなくなる可能性がある。

③申請者が通常の居住する国で申請しても、偶発的な事故が起こらない限り、疾病、母性、失業の給付制度には差別禁止規則は適用されない。病気の場合は医師の証明、母性給付では出産、失業給付では失業の発生時点がリスクの発生となり、このリスクの発生があって、初めて規則が適用されることになる。

④労災以外の無拠出給付では、申請前に六カ月以上の批准国に居住していたことが、差別禁止規定の適用条件となる。つまり、この最初の六カ月間は「通常の居住」は課せられないことになる。

さらに、ここでも、申請前の六カ月間以上の居住が、無拠出制に関する二国間、あるいは、多国間協定の規定の拡張適用のための条件となる（四条）。

老齢・障害・遺族以外の給付に関する欧州社会保障暫定協定は、一九五三年一二月一一日に調印が開始され、一九五四年七月一日に発効した。二〇一五年現在、調印、批准、発効とも二一カ国になる。

2　欧州社会扶助・医療扶助協定（一九五四）

暫定協定は一般的な社会保障制度を対象としており、公的扶助を対象に含まず、さらに、公務員の社会保障制度や外国の占領による戦争犠牲者への保障制度等は適用対象に含まれなかった。そこで、一九五四年には、公的扶助および医療扶助に関する欧州協定が施行され、内外人の平等待遇がこれらの領域でも確保された。つまり、欧州社会扶助・医療扶助協定は、欧州社会保障暫定協定を補足し、社会保障全般の「整合化」を達成する制度として導入された。

一九四八年三月一七日のベルギー、フランス、ルクセンブルク、オランダ、イギリスの五カ国による経済、社会、文化協力と集団自衛に関する条約がブリュッセルで調印された。この条約には、社会的領域における協力も盛り込まれていた。そこで、一九四九年一一月七日に欧州社会扶助・医療扶助協定がパリで、同じ五カ国間で調印された。協定では、社会的扶助制度に関して、外国人と国民の平等待遇の原則を規定した。

前述の一九五〇年に組織された欧州評議会の専門家委員会は、この多国間の協定を欧州評議会のすべての加盟国に拡張適用することを結論として打ち出した。これが欧州評議会による欧州社会扶助・医療扶助協定の草案となり、一九五三年一二月一一日のパリで、暫定協定と同時に調印された。

適用対象は当然ながら社会扶助および医療扶助となるが、社会扶助、医療扶助の定義が国際的には問題となる。国によって該当する制度の意味が異なるからである。欧州社会扶助・医療扶助協定の一条において定義づけを行っている。

「各調印国の関係から、扶助とは戦争傷病者や外国占領による傷病者に支給されている無拠出の給付以外で、法律に基づいて当該国内に適用されている十分な資力のない人に提供されるすべての扶助制度、および、条件によって必要とされるケアのすべてを含むものである」と規定されている。

別の表現をすれば、二つの暫定協定で取り扱われてこなかった社会保障給付が対象となる。暫定協定の内容を社会保険から広く社会保障制度一般にまで広げることがこの協定の目的でもあった。

社会扶助とは特定の社会的リスクに関連していない制度も含む。例えば、貧困で一人当たり週四〇ユーロ未満の家庭はすべて、適用対象と考えられる。何らかの社会的リスクに関係する場合は、そのリスクの目的に運営されている社会保障が適用される。例えば、障害者の場合は障害者給付のように。

医療扶助は、資力調査に基づいて適用可能な貧困者を対象に提供される。ここでは、時間的制約（時効）はないし、予告も不要である。戦時中の傷病、外国による占領中の傷病等は適用除外される。

（1）基本原則

二つの基本原則がある。第一は、暫定協定と同様に、批准国出身者である外国人を社会扶助や医療扶助領域において、国民と差別せずに平等に待遇すること。第二の原則は、批准国出身者は他の批准国において社会扶助や医療扶助を必要としうる理由で批准国から追放されたり、強制送還されたりしないことである。

①内外人平等待遇

まず、第一の平等原則であるが、国籍に関係なく平等待遇を規定している。社会扶助や医療扶助制度に関して、調印国の国民は他の調印国において社会保障へのアクセス、支給額、支給要件等すべての点において当該国民と平等に扱われなければならない。国籍については、出身国政府がいかなる形にせよ証明し、他の調印国に通知しなければならない。扶助制度適用の条件として各国によって資力調査が行われるが、最低居住期間等を受給要件に課してはいけないことが確認されている。

②受給者の国外追放禁止

第二の原則は、合法的に滞在している外国人に関して、扶助を必要とすることだけを理由に国外強制送還させないという原則である。ただし、扶助を必要とすること以外に理由がある場合は、強制送還することを禁じることはできない。例えば、犯罪者や国家安全保障上の理由等がある場合、当該者が公的医療や扶助を必要とする場合であっても、国外退去を実施する権限が各国政府に認められている。

また、扶助による強制送還の禁止は絶対的な規定ではなく、例外規定もある。以下の要件を満たす場合は、公的扶助や医療扶助等を受給することだけの理由から国外送還の処分にしても認められる。

- 給付申請した国に五五歳までに入国して、五年以上継続して居住していないこと。あるいは、五五歳以降に入国し一〇年以上居住していないこと。

ここで「継続的な居住」に関しては、三カ月未満の不在は「継続的な居住」とみなされると規定している。六カ月以上の不在は自動的に「継続的な居住」から排除されてしまう。三カ月から六カ月の不在は、必ずしも「継続的な居住」の停止とはみなされないが、状況に応じて個別に判断される。

- 移送に耐えられる良好な健康状態であること

・家族、文化、経済状況等で緊密な関係が存在すること
・人道主義的な視点から反対がないこと

なお、国外送還の費用はこれを命じた国の負担となる。当該者の母国は強制送還された人を受け入れなければならない。ただし、受け入れを拒否する場合は、受け入れ国の法律に従う。具体的な解決に向けての手続きに関する規則は準備されていない。

暫定協定と同じように、この協定も協定の施行や紛争処理等についての詳細な規定は盛り込まれていない。監督組織についても規定していない。ただし、各国の専門家会議が定期的に開かれ、規定に関する施行状況が議論されている。紛争があれば、当事者間での交渉に付される。交渉による解決が不調に終われば、適切な仲裁に委ねられ、仲裁の結論が最終決定となる。

協定の批准や適用の終了等については暫定協定と同様である。一九五四年七月一日に施行に入った議定書についても、暫定協定同様である。公的扶助や医療扶助分野においても、難民を国民と同様に扱うことになる。

欧州社会扶助・医療扶助協定は暫定協定と同様に、一九五三年一二月一一日に調印を開始し、一九五四年七月一日より発効した。二〇一五年現在の調印、批准、発効の該当国は一八カ国となっている。暫定協定よりやや少ない加盟国の批准であるが、かなりの成果と判断できよう。

3　欧州社会保障協定（一九五九）

一九五三年、社会保障に関する二つの欧州暫定協定が締結された。一つは老齢、障害、遺族給付をカバーし、も

う一つの協定はそれ以外の社会保障給付をカバーするものであった。両暫定協定は、主に当該国間の社会保障における平等待遇を主な内容としており、近い将来の一般的な協定への橋渡しの役割を担っていた。つまり、暫定協定は当初より近い将来の完成形としての法律を見込んで部分的なスタートを切ったものであった。一九五九年、暫定協定を基にして、加盟一五カ国は社会保障法を「整合化」するための多国間協定の草案を採択した。一九七二年一二月一四日よりパリで調印が始まり、一九七九年三月一日から施行された。

暫定協定は、内外人平等待遇原則の規定のみを持つものであったが、欧州社会保障協定では四つの原則すべてを盛り込んでいた。ほぼ同時に進行していたのがＥＣの社会保障関係法であった。ＥＣ「規則」3/57はほぼ同じ規定を盛り込んでいた。この「規則」は後に整備されて、一九七一年には「規則」1408/71となり現行法となっている。

しかし、ＥＣ法とは別に欧州評議会の欧州社会保障協定が注目されるのは、当初より適用対象に自営業者や非就労者も含まれていたことである。ＥＣは賃金労働者を想定していた。また、欧州評議会の協定においては、ある国が批准すると同時に施行される条項と、関係調印国が相互に調印して初めて施行される条項と同時に含まれることも、ＥＣ法と異なる欧州評議会の欧州社会保障協定の特徴である。

(1) 主な規定

一九七七年、ようやく社会保障に関する欧州協定が成立した。世界で最も進んだ多国間の国際社会保障法として高く評価されている。この協定では、以下の規定を盛り込んでいた。

- 加盟国国民の平等待遇

- 域内での社会保障給付の持ち出し（送金）
- 医療、年金、失業給付における被保険者期間の合算
- 疾病、出産、労災の加盟国内における一時滞在者への現物給付の適用
- 加盟国内における労災、職業病の考慮
- 按分比例の年金の部分給付
- 現金給付における加盟国居住家族の考慮
- 加盟国内居住の児童への児童手当適用

以上は、社会保障の「整合化」政策の一環であるが、他方でこの頃同時に各国の法改正を視野に入れた「調和化」の政策も遅れ馳せながら進展してきた。一九六一年、欧州社会憲章が加盟一五カ国で批准された。ここで示された原則は国内法と欧州評議会法と両方に影響を及ぼした。

(2) 適用対象

欧州評議会の欧州社会保障協定の適用対象は、同協定二条によって、次の八つの給付に規定されている。①疾病・出産給付、②障害給付、③老齢給付、④遺族給付、⑤労災給付、⑥死亡給付、⑦失業給付、⑧家族給付、である。

拠出制度か無拠出制度かを問わず、すべての関連給付制度に適用される。暫定協定より対象を広くしたが、ここでは社会扶助や医療扶助、そして貧困対策関係給付、戦争犠牲者への諸給付等も適用対象に含まれていない。また、公務員の社会保障制度も適用対象に含まれなかった。

次に人的な適用対象としては、以下の要件が設けられている。①調印国の国民、②無国籍者、難民、③前記の該当者の家族、である。

欧州社会保障協定は、公務員の社会保障は適用対象には含まれないと述べたが、外交官等は例外的に協定の適用対象に含まれる。また、賃金労働者以外に、自営業者や非就業者も適用対象に含まれる。

(3) 施行と紛争処理

この協定には監視・監督は制度化されていない。また、協定の施行を評価する法的機関も存在しない。だが、専門家委員会が定期的に協定の施行状況を議論する機会は設けている。その際、関係国に協定をめぐって紛争がある場合は、交渉によって問題解決を目指している。交渉が失敗に終われば、仲裁機関の決定が最終的なものとなる。

(4) 他の協定との関係

欧州社会保障協定は、調印国におけるすべての二国間、あるいは、多国間の社会保障協定に代わるものと位置づけられる。ただし、以下の三つの場合は、例外として扱う。

①ＩＬＯ条約

②ＥＵ法

③調印国が希望するその他の二国間、多国間協定

（５）適用法の決定

欧州社会保障協定は、国際移動する人への社会保障制度の適用に関する規定がある。被用者の場合、自営業者の場合、その他の場合とに応じて適用方法を決定する法律がある。

まず、被用者の場合、当該被用者を雇用している企業が所属する国の社会保障制度が適用されることが基本原則となる。但し、以下のように例外が存在する。

第一に海外に派遣された被用者で海外の子会社で労働する場合で、一二カ月間以下の期間のみ派遣される場合、従前の出身国の社会保障が適用される。

第二に、国際的な運輸会社の被用者で二カ国かそれ以上の期間に外国で労働する場合で、居住する国の社会保障制度が適用される。

第三に、国際運送業、国境周辺事業所の被用者、船員、外交官や外務職員の場合で、この場合も出身国の社会保障の適用となる。

次に自営業者の場合、居住地にかかわらず、自営業を行う国の社会保障が適用されるのが基本原則となる。ただし、ここでも例外規定がある。

第一に、自営業者の社会保障が存在しない国の場合、居住国の社会保障が適用される。現在はそのような国は少ないが、過去には存在していた。

第二に、社会保障を居住地で適用するベヴァリッジ・モデルの国においては、外国から来た自営業者に適用できないため、出身国の社会保障が適用される。

さらに、二国以上で自営業を行う者も例外規定の適用対象となり、出身国の社会保障が適用となる。仮に、複数の国々で自営業をする人で、出身国に自営業者の社会保障が存在しない場合は、関係国の間で協議して適用する国の社会保障を決定する。

欧州社会保障協定は一九七二年一二月一四日に調印が開始され、一九七七年三月一日に発効した。二〇一五年現在で、調印は一三カ国であるが、批准し発効しているのは八カ国である。発効しているのは、オーストリア、ベルギー、イタリア、ルクセンブルク、オランダ、ポルトガル、スペイン、トルコである。

4　二国間社会保障協定のモデル規定（一九九四）

(1) 経　緯

一九〇四年のイタリア—フランス間の社会保障協定に始まり、欧州では多くの二国間、あるいは、複数国間の社会保障協定が締結されてきた。第二次世界大戦後の経済成長期を前にして、それ以後の益々の社会保障協定の締結が予想された段階で、欧州評議会はモデル的な協定を示すことになった。欧州は社会保障においては世界をリードする立場にあり、そこでのモデル規定は世界中の国々にとって貴重な判断基準として参考材料となることは間違いない。

一九九四年、欧州評議会では加盟国間での二国間協定を準備するための基本的な合意を形成するために、社会保障の専門家委員会を立ち上げた。旧社会主義政権の解体もあり、欧州全体で労働者の移動が活発になりつつある時期であった。モデル規定の目的は、移民の権利を保護するために、さまざまな国々の社会保障制度の連携を生み出すことであった。

（２）二重適用の回避

給付の二重適用は、国内においても存在する。社会保障制度間の併給である。あるいは、在職老齢年金のように賃金と年金の併給もある。多くの場合、国内制度間の併給であっても禁止され、調整されることが一般的である。他方、場合によっては賃金と年金の併給などは、高齢者雇用の促進により税収入は増え、経済も活性化され、併給が認められる場合もある。

国家間でも二重適用は調整されるのが一般的であり、一つの国の社会保障制度のみが適用されるのが基本原則の一つになっている。しかし、一つの例外は老齢、遺族、障害の長期間にわたる年金給付である。これらの制度では関係国が責任のある期間分の年金をそれぞれ支給することになっている。つまり、併給が一般的である。

（３）適用法の決定

モデル規則は、いかなる場合でも一法律適用が原則であるとして、二重適用や無適用の回避を規定している。当該地域を管轄している国の法律が、当該地域の人（外国人も含む）の社会保障の適用の責任を負うことが基本原則となる（七条）。具体的に次の三つの原則が提示されている。

①労働者の場合、外国人であっても就労する調印国の法律が適用される。
②自営業者の場合、現在自営活動を行っている調印国の法律が適用される。
③公務員の場合は、雇用される行政当局の調印国の法律が適用される。

以上は、あくまでも基本原則である。例外も多く存在する。例えば、企業によって数年間に限って外国に派遣された労働者の場合、外国派遣後も出身国の社会保障に継続して加入していることもある。この場合、海外勤務は例外的な扱いとされ、出身国の社会保障が正規の制度となる。モデル規定に従うと、この海外への派遣期間は一二カ月、あるいは二四カ月までとされている。

自営業者の場合も同様に、他の調印国で一二カ月以内、あるいは二四カ月以内の期間自営業に従事する場合、出身国の社会保障制度への加入が維持される（八条）。また、国際輸送業（九条）や船員（一〇条）、外交職（一一条）等の業務にある人の場合もこのモデル規則における例外規定が適用され、出身国の社会保障への加入が維持されることを規定している。

法律としての各加盟国を直接拘束するものではないが、各国の自治に基づいて加盟国が自発的にこの規定を参考にして協定を締結していけば、一定の効果が達成されることになる。社会保障の適用に際して、雇用国主義を明らかにした意義は大きい。将来における不要な混乱と無秩序を回避する手段となり得る。

第10章 欧州評議会の社会保障政策（3）

――社会保障の「調和化」――

欧州評議会における社会保障の「調和化」に該当するのは、欧州社会憲章と欧州社会保障法典である。以下で具体的な内容をみていこう。

1 欧州社会憲章（一九六一）

（1）基本構造

欧州社会憲章は社会保障制度の「整合化」の協定とは異なり、広く社会保障の範疇を越えた社会的権利に関する規定を盛り込んでいる。欧州社会憲章は労働権、結社の自由、団体交渉の自由、安全で健康な労働条件への権利等の一般市民の社会的権利の一つとして、社会保障の権利、社会扶助や医療扶助への権利等も含むものである。対極にある欧州人権条約とともに欧州社会憲章は、国家からの不当な介入から保護し、個人としての威厳と自立を守るものである。

欧州人権条約が市民権や政治的権利の保護を扱うのに対して、欧州社会憲章は広く経済的社会的権利を扱っている。社会保障の権利も、この中に含まれることになる。

欧州社会憲章は一九六一年に採択され、加盟一五カ国が批准した。この憲章は、世界レベルにおいては一九四八年の世界人権宣言のいくつかの条項と一九六六年の国際人権規約の欧州レベルの法文書に相当すると言われている。欧州社会憲章は、前文と本文が五部、そして付録から成り立っている。

第一部では、加盟国が目的で掲げた宣言を遵守するために従うべく19の権利が19の条文ごとに列挙されている。これらの原則を遵守することで、加盟国の国内政策と同時に欧州評議会全体のレベルでも大きな影響を及ぼすことになる。そして、第二部は欧州憲章が保障すべき19の基本的権利を示している。19の権利とは以下のとおりである。

①職業に就く権利
②公正な労働条件の権利
③安全で健康な労働条件
④家族を養う公正な報酬
⑤結社の自由
⑥団体交渉する権利
⑦児童や若年者の特別な保護の権利
⑧女性の特別な保護の権利
⑨職業選択のできる適切な職業案内の権利
⑩職業訓練の権利
⑪高い健康状態維持の権利

⑫社会保障の権利
⑬社会扶助、医療扶助の権利
⑭社会福祉サービスの権利
⑮障害者の職業訓練、リハビリテーション、再雇用の権利
⑯家族の社会的、法的、経済的保護の権利
⑰母子の社会的経済的保護の権利
⑱国民と平等な外国人の就業機会の権利
⑲移民と家族の保護と支援の権利

一転して第Ⅲ部では、加盟国側の責務に言及している。原則の一部は受け入れ、それ以外の原則は順次時間をかけて受け入れていく可能性を示唆する。そこには法的強制力はなく、期限も罰則もない。19の権利のうちここで強調されているのは、労働権（一条）、結社の権利（五条）、団体交渉の権利（六条）、社会保障の権利（一二条）、社会扶助・医療扶助の権利（一三条）、社会的・法的・経済的家族の権利（一六条）、移民と家族が扶助を受ける権利（一九条）の七つの権利である。

社会憲章を批准するには、これら七つの権利のうち最低五つ以上の権利を加盟国が受け入れなければならないと規定している。逆に、これ以外の原則は優先順位では劣るものと考えられている。

(2) 監　督

欧州社会憲章は独自の監督方法を備えている。加盟国は、定期的にナショナルリポートを作成しなければならな

い。各国政府は、統一的なフォーマットに従って報告書を作成し、国内の労働組合と使用者団体に渡し、コメントを受ける。さらに、報告書は欧州社会権委員会に渡される。この委員会は、欧州評議会の閣僚委員会が選出した九人の独立した専門家で構成され、ＩＬＯの代表も加わる。この欧州社会権委員会で各国が欧州社会憲章に適合しているかいないかを決定する。その決定は、政府代表とオブザーバーの労使代表に伝達される。各国の大臣からなる閣僚委員会は、監督結果に基づき憲章に適合していない部分は解決に向けた行動をとることになる。

一九九八年の追加議定書は、集団的苦情処理制度を導入した。欧州社会憲章とその改正欧州社会憲章に違反するものに対して、域内の代表的な組織は欧州人権委員会に苦情を申し立てることができる。労働組合や使用者団体の国際的な組織、国内の労働組合、使用者団体、国際機関、ＮＧＯもこの組織となり得る。欧州人権委員会は、まず苦情の申し立てが検討に値するか決定し、検討に値すると判断された場合は、閣僚委員会に向けて勧告を準備する。この勧告を受け入れるか否かは、各国の裁量下になる。

(3) 欧州社会憲章と社会保障の関係

欧州評議会における各国の社会保障制度間の「整合化」に関しては、前章で紹介した。外国人と国民の社会保障における平等待遇という「整合化」規定に関しても、欧州社会憲章では「調和化」の対象とし、各国法の統一を目指している。欧州社会憲章において「整合化」に関係してどのように規定されているのか概観していこう。

① 健康保護の権利（一一条）

欧州社会憲章の一一条では、健康保護の権利への有効な施策を保証するために、加盟国政府は直接、あるいは、公的・私的組織と連携して適切な措置を講じるものとしている。

②社会保障の権利（一二条）

欧州社会憲章の一二条は、社会保障の権利について言及している。ここでいう「社会保障」は狭い意味での「社会保険」に該当するものと考えられる。まず、社会保障について、最低支給水準、適用対象、受給要件、支給額等について最低基準が規定されている。ＩＬＯの社会保障の最低基準に関する一〇二号条約を引用し、最低限この基準を批准するよう要請し（2）項）、さらに、社会保障制度の改善を各国政府に積極的に努力するよう規定している（3）項）。

「整合化」については、内外人平等待遇、給付の送金、資格期間の合算の基本原則に触れている（4）項）。なお、一二条では、加盟国出身のすべての国民がこの規定の適用対象に含まれるとしている。

欧州社会保障協定では、批准した国々間では当然ながら規定内容に拘束され、双務主義の原則に従うが、批准していない国は規定に従う必要はない。ところが、この欧州社会憲章では、欧州社会保障協定を批准していない国出身者に対しても当該国内で社会保障を適用するという規定になる。つまり、各国別の批准状況を超えた施行を規定している。

③社会扶助・医療扶助の権利（一三条）

続いて、欧州社会憲章の一三条は社会扶助と医療扶助に関する規定を持つ。内外人平等待遇原則に基づき、十分な資力がなかったり、第三者の援助を必要とする加盟国出身者に、当該国民と同様に社会扶助や医療扶助を提供することを強制するものである。外国人で当該国の社会扶助や医療扶助を受ける場合、受給しているとの理由で社会的、政治的権利が侵害されることがあってはならないと規定している。公共サービスや民間サービスにおいても同様である。

また、ここでも同様に欧州社会扶助・医療扶助協定を批准していない国の出身者であっても、欧州社会憲章に同意した国は平等待遇を行うことになる（4)項）。この規定には例外はない。

④社会福祉サービスの権利（一四条）

同様に、社会福祉サービスに関しても加盟国出身のすべての国民が社会福祉サービスを受ける権利を他の加盟国においても認められることを規定している。個人、集団にかかわらず、社会環境に適合した社会福祉サービスを受けられるように準備することを促進していく。この種の社会サービスは個人やボランティア団体も含めて参加を奨励する。

⑤精神障害者・身体障害者の権利（一五条）

さらに、精神障害者・身体障害者の職業訓練、リハビリテーション、再雇用の権利に対応する有効な施策を保証するために、加盟国は公私の特別な組織を含んだ訓練施設に関する措置をとることとしている。加えて、障害者の雇用に寄与する特別な職業紹介サービス、特別な障害者雇用を設け、使用者への障害者雇用の奨励も行うこととしている。

⑥家族給付の権利（一六条）

家族の育成のために加盟国は社会給付や家族給付、財政措置、家族住宅や新婚家庭への給付やその他の適切な手段によって、家庭生活を保護する経済的、法的、社会的保護を促進することと規定している。

⑦母子家庭保護の権利（一七条）

母子家庭保護の権利を保証するために、加盟国は国内で必要な施設やサービスや現金給付等を含む必要な対策を講じる。

⑧他の加盟国で就労する権利（一八条）

他の加盟国における雇用を保護育成する措置に言及している。雇用の自由化を促進し、外国人雇用への障害や不都合を排除し、外国人労働者に関する規則を緩和する。他方、当該国民の国外での雇用への権利も保護することにも言及している。

⑨移民労働者とその家族の保護と扶助への権利（一九条）

移民労働者とその家族への保護や扶助への権利を保証するための措置を加盟国はとることとし、具体的に以下の点を掲げている。

各種情報の提供を外国人にも誤解のないよう適切に行う。移民の受け入れと送り出し双方に必要な公的・私的社会サービスに関して協力する。賃金、その他労働条件、労働組合加入権、団体交渉による利益、住宅、雇用に関連する課税、社会保険の保険料等に関して当該国民と同等の待遇を外国人とその家族に保証するよう、加盟国は適切な措置を講じる。

（4）改正欧州社会憲章

この一九六一年の欧州社会憲章では取り扱われていない領域があるとし、制定以後に批判があった。こうした不備を補うために、一九九六年に追加的な議定書が採択され、四つの条文が加えられた。追加的な議定書は一九九九年に調印が始められ、一九九九年より施行された。

前掲の19の権利に加えて、新たに12の権利を加えて、これまでの19の権利と合わせて全部で31の権利について規定している。新たに加えられたのは、雇用終了時の保護に関する権利、貧困や社会的排除から保護される権利、住宅の権利等を含むものである。つまり、改正欧州社会憲章は新たな分野を取り込み、権利の中身を拡充したものであった。新たに加えられたすべての権利とは下記のとおりである。

⑳男女平等な雇用機会の権利
㉑事業所に情報提供され、相談する権利
㉒労働条件の決定と改善の権利
㉓高齢者の社会保護の権利
㉔雇用契約修了時の保護への権利
㉕企業破産時の苦情保護の権利
㉖労働の尊厳への権利
㉗家族責任を理由に雇用上の差別を受けずに扱われる権利
㉘職場の労働者代表の不利益から保護される権利
㉙集団的な余剰整理時の情報提供と相談の権利
㉚貧困と社会的排除から保護される権利
㉛住宅の権利

2 欧州社会保障法典（一九六四）

当時西ヨーロッパ一七カ国で構成されていた欧州評議会は、一九六四年にＩＬＯの支援を得て、欧州社会保障法典および議定書を採択した。一九六八年三月一七日に発効した。一九五二年に採択されたＩＬＯの社会保障の最低基準に関する一〇二号条約の影響を強く受けて、欧州レベルでは欧州社会保障法典の成立となった。実際に、法律の基本構成は類似している。

つまり、欧州社会保障法典は、社会保障の最低基準を設定するものである。社会保障の全体と制度ごとに基準を規定し、条約の批准を促すものである。こうした多くの基準を加盟国が等しく満たすことで、広く欧州全体での社会保障制度の統合を期待するものである。いわゆる社会保障の「調和化」に該当する。

欧州社会保障法典のもともとの意図は、欧州諸国全体において社会保障制度を統一化させようとすることにあった。しかし、その野心は早々と打ち砕かれ、欧州各国の社会保障制度を統一化することではなく、ＩＬＯによる社会保障の最低基準を欧州評議会はより引き上げることによって、欧州各国の社会保障制度を高いレベルに均質化することを目指した。

欧州社会保障法典は、前提として、各国の社会保障制度の違いや多様性を尊重している。この法典の規定は、異なる国々の社会保障法に適用可能に設計されなければならないとしている。

もう一つの欧州社会保障法典の狙いは、社会保障制度の適用対象を自営業者も含めたすべての労働者、ひいては、すべての市民に適用を拡大することであった。

欧州社会保障法典は、老齢、医療、疾病給付、失業給付、労災給付、家族給付、母性給付、障害給付、遺族給付

の九つの制度を対象とする点でもＩＬＯ一〇二号条約と同じである。貧困者等への社会扶助制度は対象外におかれたことも共通する。完全に税を財源にする社会扶助制度では、すべて政府の裁量権が前提となり、加盟国間での統一が困難であると考えられた。したがって、労使の拠出に基づき権利性の強い社会保険のみが適用の対象とされた。

具体的な一般規定をいくつか引用しよう。まず、給付の停止について、受給者が当該国を離れる期間、申請者の意図的な不正があった場合、虚偽の情報に基づく詐欺的行為による給付の場合に認められるとした（六八条）。社会保障給付の不採用、支給額や支給内容に対する訴訟の権利を認めることとした（六九条）。また、社会保障財政に関しては、連帯原理に基づき、不公正な負担を課すことのないようにすべきとしている（七〇条）。行政責任と適用者の代表の最低限の管理的な役割について規定している（七一条）。

前述のとおり、国際社会保障法は「整合化」と「調和化」の手段に分類される。欧州評議会の社会保障法典に関して言えば、明らかに「調和化」の施策に位置付けられよう。最低基準を設定し、これを遵守するように加盟国に要求し、この水準以上の運用は加盟国が自由に選択できる。正にＩＬＯの社会保障法と同じ手法に基づいている。

欧州社会保障法典は、一九五二年のＩＬＯ一〇二号条約と非常に似た内容となっているが、より高度の基準を設定している。例えば、ＩＬＯ条約では九つの制度のうち三つ以上の制度を批准すれば条約全体の批准とみなされたが、欧州評議会では六つの制度の批准を条件とした。その際、制度の重要性から医療は二制度分とし、老齢給付は三制度分に換算する措置を採用した。また、制度ごとに給付期間や資格期間等に関して、より厳しい基準を設けた。

欧州社会保障法典は、欧州の経済統合に大きな影響をもたらしていると言われる。社会保障の違いは経済的な競争へ影響する。つまり、企業負担が低い国の企業は国際競争上有利な立場になる。企業や労働者個人が社会保障のためにどの程度の保険料や税を負担するのか、その違いは国際競争力にも影響する。社会保障制度の負担が各国間で差が狭まると、より公正な国際競争に貢献できる。このことは、欧州域内での商品やサービス、人の自由移動に好材料となる。

欧州社会保障法典は、一九六四年四月一六日に調印が開始され、一九六八年三月一日より発効した。二〇一五年現在の調印国は二六カ国であるが、五カ国はまだ批准、発効に至っていない。二一カ国で発効している。

（1）欧州社会保障法典の改正法

その後、一九七三年の第四一回の社会保障専門家会議で、欧州社会保障法典は内容が時代にそぐわなくなったと結論し、改定の必要を指摘した。一九六四年の欧州社会保障法典を時代に適合させてアップデートさせるため、一九九〇年に改正法が採択された。基本的な構成は変わらず、各社会保障制度の条件が改善されたものが中心である。具体的な変更点としては、適用率の引き上げ、社会保障給付の給付水準の引き上げ、支給期間の延長、新しい社会保障給付の統合、受給要件の緩和、男女差別禁止、予防的社会保障制度等が代表的である。

改正法についても批准国の実施状況は、欧州評議会の独立した専門家委員会によって監督される。監督の報告書については、批准国は国内の労使団体等関係団体に送付しなければならない。欧州評議会の議会が招集され、各国へのナショナルリポートに関する意見が議論される。

この改正法は、一九九〇年一一月六日に調印が開始された。二〇一五年現在で、一三カ国が調印しているが、批准したのはオランダ一カ国のみで、まだ発効していない。

第11章 欧州評議会社会保障政策の総括と課題

1 総　括

(1) 加盟国間の連携

欧州評議会の社会保障政策の展開による成果は、各法律の批准状況によって理解できる。資料3（一一五頁）は、欧州評議会の「整合化」に関する四つの法律の加盟国の批准状況を示している。各法律とも、調印の日付に加えて、批准の日付と発効の日付が明記されている。これを概観すれば、時間をかけてゆっくりと法律の浸透していった経緯が理解できる。

単なる日付の記録であるが、多くのことを物語っている。調印から批准、発効まで一―二年で推移している場合が多い。しかし、調印しておきながら、批准や発効に至っていない場合もある。調印もせずに空白の国もある。調印から、批准、発効までかなりの年数をかけている国もある。この種の外交政策では、国内でも政党によって意見が異なることも少なくない。政権交代によって、国の立場が変わることもよくあることである。

もちろん、まだ、調印、批准、発効も行われていない場合も国によって、法律によって散見される。法律によっても批准状況はかなり温度差がある。だが、多くの国々は欧州レベルの法律に好意的に対応していると結論付けることができる。このことが、欧州評議会の社会保障政策の最大の成果であるといえよう。

最初は数カ国だけで動き出した欧州レベルの法律が、ほぼ欧州全域で普及されるようになった。各国には協調し、連携する雰囲気が広がっていった。こうした国際的な影響力がなければ、独力ではなかなか改善されないような社会保障政策も一挙に広く欧州全域で達成できる原動力になる。

欧州レベルの法律制定の初期においては、その分野のパイオニアとしてリーダーシップ争いが展開される。もともと政策が先進の国であれば、国の威信をかけてイニシャティブを取ろうとするだろう。当初の欧州レベルでの法制化の過程でもイニシャティブをとっていくことだろう。そして、そうした福祉先進諸国の意見が反映された法律が採択されれば、当該国は恐らく問題なく批准、発効にこぎつけるであろう。

福祉先進諸国にとっては、比較的高い社会的コストが国内企業の国際競争力を弱めており、他の国々も同様に社会的コストを高くすることで公正なる競争ができると考えていた。つまり、高いレベルの社会保障を欧州全域に広げることは、福祉先進諸国の経済に有利に働くとの思惑があったに違いない。

一度、法律の批准が動きだせば、周りの国々に歩調を合わせて、多くの加盟国が批准にむけて動いていくであろう。すでに高い社会保障水準を維持してきた国々は即座に批准に動き、若干基準に満たないような国々であれば、批准に向けた努力をするであろう。時間をかけて、批准は進んでいく。

他方、法制化が進展し多くの加盟国が批准してしまった終盤の時期にさしかかると、まだ批准していない国々にとっては、国の名誉にかけて取り残されないようにと批准に動く力が働くであろう。結局、組織として集団力学が作用し、加盟国全体での流れにつながっていくことになる。

特に、法制化の最終局面に際しては、比較的社会保障の整備が遅れた国々にとっては、欧州評議会の果たした役割は大きいと考えられる。欧州評議会がこうした法制化の政策を展開していなかったら、いつまでも遅れた状況が続いていたものと考えられる。すでに社会保障が先進の国々にとっては、著しい変化ではなく、国境を越えて移動する少数の人々の利益に貢献するものであろうが、後発の福祉国家にとっては、移住者だけでなく国の社会保障制度自体を改善させ、整備していく必要性に迫られることになっていった。

最恵国待遇原則は、一部の国々が享受する良い条件をすべての国々で共有するという原則である。この原則に関しても、もともと先進の政策展開をしてきた国々の便益をすべての国々が享受することを意味し、後発の福祉国家により効果が大きいと言えよう。

このような国家連合体によるこの種の行動は、欧州以外には確認されていない。もはや、国のレベルの政策を越えた国際的な効果をあらわしている。国際的な強制力によるものではなく、各国の自発的な行動を推し進めている。

(2) 欧州評議会の社会保障政策の特徴

欧州評議会は、多様な社会保障法を制定してきた。欧州社会保障暫定協定、欧州社会扶助・医療扶助協定、そして、欧州社会保障協定は、加盟国間の社会保障の「整合化」を展開してきた。他方、欧州社会憲章や欧州社会保障法典は、加盟国の社会保障制度の「調和化」を進めるものであった。EUの社会保障政策が「整合化」に特化してきたのと対照的で、欧州評議会は「調和化」を図りながら「整合化」も進めてきた。

EUと欧州評議会は組織の目的も、組織の基本構造も異なるため、一概には評価が難しいが、両機構とも加盟国の社会保障の発展と統合に大きな役割を果たしたことは明らかである。また、多くの主要加盟国が共通であることも重要である。特に、人権に関わる領域では、EUの欧州裁判所と欧州評議会の欧州人権裁判所の間で判決の祖語を無くそうと協力してきている。

欧州評議会は多数の国家間の連合組織であり、ＥＵと異なり、組織的拘束力が弱い。つまり、各国の裁量権をかなり温存した上での緩やかな協力関係を目指すものである。しかし、ＥＵに先駆けて多国間の社会保障政策を進展させたところに意義がある。

また、ＩＬＯやＥＵが「社会保障」とは言いながらも実際には社会保険制度を政策対象に限定してきたのに対して、欧州評議会は医療扶助や社会扶助制度、その他社会福祉サービス等に至るまで政策対象に含めたことは、最大の貢献の一つであると言えよう。多様な領域に渡り、各国間の連携をはかった欧州評議会は、広い視野での欧州統合を想定していたと言えよう。さらに、労働者だけでなく、自営業者から公務員まで含めて、広く一般市民が対象に早くから組み込んだことも、大きな貢献であった。

ＩＬＯと連携して、欧州評議会は独自の「調和化」政策を展開してきた。地理的な制約はあるものの、欧州の加盟国間でＩＬＯよりレベルの高い基準で「調和化」を進めたことは、欧州評議会の成果と言えよう。欧州全体としてレベルの高い社会保障の基準を確保することに大きな成果を残したと言えよう。

全体として、欧州評議会はＩＬＯとＥＵと連携して、国際社会保障法の展開に重要な役割を果たしてきたと総括できる。三つの機関は、実はほぼ同じ時期に、同じ人脈の間で練られた政策であったことも知られている。異なる組織の異なる手法を活用して、世界的なレベルで社会保障が進展したと総括できる。ＩＬＯほど世界的な影響力はなく、ＥＵほど強力な拘束力を持った政策はないが、欧州評議会は両機関の橋渡しを演じてきた。改めてその存在意義を高く評価すべきである。

ＥＵ加盟国は増加したが、現在でも加盟国二八カ国であり、欧州評議会の四七加盟国と比べて少数である。つまり、その差にあたる一九カ国にはＥＵの政策は適用されないで、欧州評議会の政策のみが適用対象となる。欧州全体での人権保護として社会保障の権利が向上した背景には地味ながら欧州評議会の活動があった。

これまでの過程においても、多くの国々がＥＵ加盟以前から欧州評議会の加盟国を経験してきた。欧州評議会での社会保障政策下での経験は、ＥＵ加盟後にも役に立ったものと想像できる。ＥＵの社会保障政策と欧州評議会の社会保障政策は、かなり政策内容が類似しているためである。

2　課　題

欧州評議会の特徴でもあるが、部分合意のように賛同できる加盟国から実践していくやり方は、成立が比較的容易ではあるが、逆に、政策効果が表れるのに時間を要することが課題ともいえる。さらに、いつになっても域内での完全な政策の実現は約束されない。この宿命は、政策として評価しにくい部分が残る。

欧州社会保障法典が締結されたのは、一九六四年のことである。これ以後は、欧州評議会としての社会保障関係の政策は停滞していると言えよう。わずかに、欧州社会憲章が一九九九年より改正されたのが目立った新しい成果と言えよう。

欧州評議会は、ＥＵ以上に人権保護等を極めて重視する組織である。社会保障は人権に関する重要な部分ではあるが、他にもたくさんの分野がある。新たな展開が期待される分野も多い。社会保障政策に関しては、これ以後の具体的な新しい政策の展開が期待しにくいように感じられる。

資料3　欧州評議会における社会保障関係協定の批准状況

		欧州老齢・障害・遺族給付暫定協定	欧州老齢・障害・遺族以外の給付暫定協定	欧州社会・医療扶助協定	欧州社会保障協定
オーストリア	調印				1972/12/14
	批准				1975/6/10
	発効				1977/3/1
ベルギー	調印	1953/12/11	1953/12/11	1953/12/11	1976/11/26
	批准	1957/4/3	1957/4/3	1956/7/24	1986/1/21
	発効	1957/5/1	1957/5/1	1956/8/1	1986/4/22
キプロス	調印	1972/3/3	1972/3/3		
	批准	1973/3/14	1973/3/14		
	発効	1973/4/1	1973/4/1		
チェコ	調印	1998/2/25	1998/2/25		2002/6/21
	批准	2000/9/8	2000/9/8		
	発効	2000/10/1	2000/10/1		
デンマーク	調印	1953/12/11	1953/6/30	1953/12/11	
	批准	1957/6/30	1954/7/1	1954/6/30	
	発効	1954/7/1	1999/12/1	1954/7/1	
エストニア	調印	1999/12/1	2002/4/17	1999/12/1	
	批准	2002/4/17	2002/4/17		
	発効	2002/5/1	2002/5/1		
フランス	調印	1953/12/11	1953/12/11	1953/12/11	1972/12/14
	批准	1957/12/18	1957/12/18	1957/10/30	
	発効	1958/1/1	1958/1/1	1957/11/1	
ドイツ	調印	1953/12/11	1953/12/11	1953/12/11	
	批准	1956/8/24	1956/8/24	1956/8/24	
	発効	1956/9/1	1956/9/1	1956/9/1	
ギリシャ	調印	1953/12/11	1953/12/11	1953/12/11	1977/4/21
	批准	1961/5/29	1961/5/29	1960/6/23	
	発効	1961/6/1	1961/6/1	1960/7/1	
アイスランド	調印	1953/12/11	1953/12/11	1953/12/11	
	批准	1964/12/4	1964/12/4	1964/12/4	
	発効	1965/1/1	1965/1/1	1965/1/1	
アイルランド	調印	1953/12/11	1953/12/11	1953/3/31	1979/2/23
	批准	1954/3/31	1954/3/31	1954/3/31	
	発効	1954/7/1	1954/7/1	1954/7/1	
イタリア	調印	1953/12/11	1953/12/11	1953/12/11	1972/12/14
	批准	1958/8/26	1958/8/26	1958/7/1	1990/1/11
	発効	1958/9/1	1958/9/1	1958/8/1	1990/4/12

（資料） Council of Europe, *Co-ordination of Social Security*, 2004.

ラトビア	調印	2000/4/13	2000/4/13		
	批准	2001/8/13	2001/8/13		
	発効	2001/9/1	2001/9/1		
リトアニア	調印	1997/11/19	1997/11/19		
	批准	1999/11/18	1999/11/18		
	発効	1999/12/1	1999/12/1		
ルクセンブルク	調印	1953/12/11	1953/12/11	1953/12/11	1972/12/14
	批准	1958/11/18	1958/11/18	1958/11/18	1975/11/13
	発効	1958/12/1	1958/12/1	1958/12/1	1977/3/1
マルタ	調印			1968/5/7	
	批准			1969/5/6	
	発効			1969/6/1	
モルドバ	調印				2002/5/22
	批准				
	発効				
オランダ	調印	1953/12/11	1953/12/11	1953/12/11	1975/11/5
	批准	1955/3/11	1955/3/11	1955/7/20	1977/2/8
	発効	1955/4/1	1955/4/1	1955/8/1	1977/5/9
ノルウェー	調印	1953/12/11	1953/12/11	1953/12/11	
	批准	1954/9/9	1954/9/9	1954/9/9	
	発効	1954/10/1	1954/10/1	1954/10/1	
ポルトガル	調印	1977/4/27	1977/4/27	1977/4/27	1977/11/24
	批准	1978/4/21	1978/4/21	1978/7/4	1983/3/18
	発効	1978/5/1	1978/5/1	1978/8/1	1983/6/19
スペイン	調印	1981/2/9	1981/2/9	1981/2/9	1984/11/12
	批准	1984/1/31	1987/1/15	1983/11/21	1986/1/24
	発効	1984/2/1	1987/2/1	1983/12/1	1986/4/25
スウェーデン	調印	1953/12/11	1953/12/11	1953/12/11	
	批准	1955/9/2	1955/9/2	1955/9/2	
	発効	1955/10/1	1955/10/1	1955/10/1	
トルコ	調印	1953/12/11	1953/12/11	1953/12/11	1972/12/14
	批准	1967/4/14	1967/4/14	1976/12/2	1976/12/2
	発効	1967/5/1	1967/5/1	1977/1/1	1977/3/1
イギリス	調印	1953/12/11	1953/12/11	1953/12/11	
	批准	1954/9/7	1954/9/7	1954/9/7	
	発効	1954/10/1	1954/10/1	1954/10/1	

第Ⅲ部　ＥＵの社会保障政策

第Ⅲ部では、ＥＵを取り上げる。ＥＵは加盟国数は比較的少ないが、欧州評議会以上に活動が活発であり、注目度も高い。目的は等しく欧州の統合を掲げているが、その方法は欧州評議会とＥＵは対照的である。法的構造、具体的な政策内容に関して、ＥＵと欧州評議会は類似する部分もあれば、かなり異なる部分もある。比較しながら理解してもらいたい。

第12章 EUの概要

EUは二〇一五年現在で加盟国二八カ国を擁し、日本の領土の約一一倍にあたる四二九万平方キロメートルの総面積を有し、人口は日本の約四倍に相当する五億五五八万人を抱える。GDPは二〇一三年で一七兆三七一六億ドルで、一人当たりのGDPは三万四四三八ドルとなっている。

基礎データ
名称：欧州連合（European Union）
人口：四億九九七九万人（二〇〇九年）
本部：ブリュッセル（ベルギー）
面積：四三八万一三七六㎢
加盟国：二〇一五年現在で二八カ国
名目GDP：一八兆四九五三億ドル（二〇一四年）
一人当たりGDP：三万六七〇〇ドル（二〇一四年）

GDP成長率：一・四％（二〇一四年）
物価上昇率：〇・六％（二〇一四年）
失業率：一〇・二％（二〇一四年）
貿易収支：輸出　四兆六三〇一億ユーロ、輸入　四兆五八七三億ユーロ（二〇一四年）
為替レート：一ユーロ＝一四〇・三二円（二〇一四年平均）
財政規模：一四一二億ユーロ（二〇一五年）

1 目的

EU（欧州連合）は、経済通貨統合、共通外交・安全保障政策、警察・刑事司法協力等により幅広い分野での協力を進めている政治・経済統合体である。域外に対しては統一的な通商政策を実施する世界では最大規模の単一市場となっている。そのほかの多くの分野では各国の権限を前提としつつ、EUとしての共通する立場を最大限に貫こうとしている。

欧州連合の存在価値について、欧州連合条約の二条では、「人間の尊厳に対する敬意、自由、民主主義、平等、法の支配、マイノリティーに属する権利を含む人権の尊重という価値観に基づいて設置されている。これらの価値観は多元的共存、無差別、寛容、正義、結束、女性と男性の平等が普及する社会において、加盟国に共通するものである」としている。こうした価値観に基づいて、欧州連合の目的は三条において、「二条で挙げられた価値観や平和、域内の市民の福祉を促進すること」と明記している。

2 加盟国

設立当初の加盟国は、フランス、ドイツ、イタリア、オランダ、ベルギー、ルクセンブルクの六カ国であった。一九七三年にイギリス、アイルランド、デンマークが加盟し九カ国になった。一九八一年にギリシャが加わり、一〇カ国体制となった。

一九八六年にはスペイン、ポルトガルの二カ国が加盟し、一二カ国体制がしばらく続いた。一九九五年になって、オーストリア、スウェーデン、フィンランドが加盟し一五カ国となった。

大きな転機になったのは、二〇〇四年であった。東ヨーロッパ諸国を中心に一〇カ国が同時にEUに加盟し、一挙に二五カ国体制になり、西ヨーロッパ中心であったEUが東ヨーロッパも組み入れることになった。チェコ、エストニア、キプロス、ラトビア、リトアニア、ハンガリー、マルタ、ポーランド、スロベニア、スロバキアの一〇カ国である。

この流れは続いて、二〇〇七年には、ブルガリアとルーマニアも加わり、二〇一三年にはクロアチアも加盟して、現在の二八カ国体制に到達した。この他にも、現在加盟交渉中の国々も控えている。

3 組織

EUの組織としては、加盟国首脳と欧州委員会の委員長と常任議長より構成される欧州理事会と加盟国の閣僚級代表によって構成される欧州連合理事会が決定機関となる。政治レベルで最高の協議機関が欧州理事会である。通常、年に四回開催される。加盟国の首脳、欧州理事会議長、欧州委員会委員長によって構成される。

他方、加盟国の閣僚級の代表によって構成されるのが欧州連合理事会で、EUの主たる決定機関に位置づけられる。外務理事会、総務理事会、経済・財政理事会等、分野別に開催される。外務理事会以外の理事会は、半年ごとに議長国が輪番制で変わっていく。

執行機関としては、欧州委員会がある。加盟国の合意に基づき、欧州議会の承認を受けた委員が、各国一名ずつ任期は五年で任命され、合計二八人で構成される。また、リスボン条約に基づき、二〇一一年に正式に発足したのが欧州対外活動庁である。執行機関の一つで、EUの外務省に相当する。この機関の職員は、欧州委員会、EU理事会事務局、加盟国政府関係者から構成される。

さらに、諮問・共同決定機関として、欧州議会がある。当初は諮問機関として位置づけられてきたが、次第に権限が強化されてきた。特定の分野における理事会との共同決定権、EU予算の承認権、欧州委員の一括承認の権利を有する。定員は二〇一九年まで七五一人となる予定である。比例代表制により選出される。各国の人口に応じて定員数が決められる。

最後に、EU独自の司法機関として欧州裁判所がある。EU法の解釈を行うEU独自の最高裁判所にあたる。憲法裁判所、国際裁判所、行政裁判所、労働裁判所、普通裁判所としての機能を持つ。加盟国の合意した二八人の裁判官と八人の法務官から構成される。任期は六年とされている。

EUという組織は、立法・司法・行政を兼ね備えたユニークな国家連合体であり、他の多くの国際機関と異なる特徴と言えよう。

4 活　動

欧州レベルの経済統合を目指す組織として、ＥＵはスタートした。活動の中心は、やはり経済政策にある。国境を越えた資本、サービス、人の自由移動を保証し、欧州全体の経済的な活性化をめざすものである。経済・通貨統合に関しては、統一的な単一市場を形成している。その他の分野については、加盟国の自治を前提としながらも、最大限の共通政策をとることを追求している。

特に、外交政策は加盟国が一体となって活動している。活動領域は次第に拡大し、域内統合だけでなく、対外的な国際支援、安全保障等にわたり活動が積極的に展開されるようになった。人道的な国際支援、災害犠牲者への援助、紛争地の被害者支援等、世界最大の開発援助を実行しているのがＥＵである。

食料の安定供給を確保するために、ＥＵは農業保護のために共通農業政策を展開し、大きな予算を投入している。環境政策、エネルギー政策においてもＥＵは早くから加盟国に共通する政策を展開してきた。

5 法的構造

加盟国全体に対してEU法の解釈を行う裁判所として、欧州裁判所が存在する。この独自の司法機関を持つことの意味は大きい。ＥＵの法律の解釈に際しては、欧州裁判所が一元的に統一的な解釈を示すことができる。ＥＵの政策が強い法的拘束力を持って施行されることになる。

ＥＵが社会保障に関する政策を施行する際に、その法的根拠となるものはいくつかあるが、最も重要なのはやはり一九五七年の欧州経済共同体設立条約（以下、ローマ条約とする）に求められる。また、この条約の起源として欧州石炭鉄鋼共同体条約についても触れなければならない。さらに、ローマ条約を一部修正したものが、一九八八年の欧州単一議定書であり、一九九二年のマーストリヒト条約であった。一九九九年のアムステルダム条約、二〇〇一年のニース条約、二〇〇七年のリスボン条約も若干基本法の修正を含んでいた。通常、ＥＵの法的根拠としては、第一次的法的根拠と第二次的法的根拠と区別されるが、以上の各法律は前者に該当する。

マーストリヒト条約は、経済統合に加えて、共通外交／安全保障政策、司法／内務協力という加盟国間の協力の枠組みを導入した。

社会憲章は直接的には法的な拘束力を持たないが、一つの規範として重要な役割を担うものである。他方、第二次的法的根拠は第一次的法的根拠に基づいて成立して、「規則」や「指令」「決定」「勧告」等の法律文書から成る。さらに、数多くの判例や各種機関の発した議定書等の法的文書も個別の事例においては重要になる。

社会保障に関しても多くの「規則」「指令」「決定」「勧告」、そして「議定書」が出され、加えて多くの判例を重ねて、その詳細を規定して、現在の状況に至っている。

第13章　ＥＵ社会保障政策の歴史

第Ⅰ部ですでに欧州を中心にした社会保障の歴史を概観した。ここでは、ＥＵという組織に視点を据えて、ＥＵの社会保障政策の歴史を見ていこう。各国の社会保障の歴史と並行して、ＥＵレベルでの社会保障政策も進展してきたことが理解できる。

1　ＥＣＳＣとＥＥＣの成立

第二次世界大戦後、アメリカ合衆国に対抗した経済力を構築するために欧州の統合がしばしば主張された。終戦直後の一九四五年には、すでにイギリスの首相チャーチルも「欧州合衆国」を構想していた。こうした構想が最初に具体化されたのが、一九五一年のパリ条約で成立した欧州石炭鉄鋼共同体（ＥＣＳＣ）であった。発案者は初代委員長のジャン・モネであった。

一九五〇年五月の米、英、仏のロンドン三国外相会議において、モネの発案どおり西ドイツとフランスの石炭・鉄鋼の生産を欧州諸国による国際機関によって管理することが提案された。以後、オランダ、ベルギー、西ドイツ、イタリア、ルクセンブルクがこれに賛同しパリ条約の調印に至った。パリ条約の中には、西ドイツとフランスの関係産業の労働者の移動を支援する条文を含んでおり、これが後のローマ条約の規定に影響していった。

ＥＣＳＣの成立は、非常に画期的で影響力は大きかった。以後、欧州はさらなる統合への機運が一挙に高まっていった。一九五五年六月、イタリアのメッシナで開かれたＥＣＳＣの加盟六カ国の外相会議において、原子力共同体と共同市場を設立すること、輸送手段の共同発展計画を樹立すること、エネルギー生産と消費増大のため協力すること等の共同市場設立のための基本方針が確認され、「メッシナ決議」として採択された。これを具体化したのは、ベルギーのスパーク外相を委員長とする専門委員会の作成した「スパーク報告」であり、一九五六年四月のＥＣＳＣの六カ国外相会議で採択された。同年六月にブリュッセルで加盟国の専門家による交渉の末、一九五七年三月にローマにおいて同じ加盟六カ国によって欧州経済共同体（ＥＥＣ）を設立する条約と欧州原子力共同体（ＥＵＲＡＴＯＭ）を設立する条約が調印された。

社会保障との関連では、ローマ条約はパリ条約以上に踏み込んで社会保障についてもより積極的に取り扱っている。特定産業に限らず、域内の労働者の自由移動を妨げるような障害物を除去するためにも社会保障の「整合化」政策が進められた。しかし、ここでは一般的で抽象的な記述に留まっていた。

2　ＥＥＣ成立から石油危機まで

ローマ条約の調印により、欧州経済共同体（ＥＥＣ）が翌年に発効した。この条約で加盟国間の労働者の自由移動に対する障害の除去、そして、加盟国の生活水準の向上のための欧州社会基金の創設が、条約の目標として明示された。さらに、その具体的な政策の施行に関してＥＣ委員会が任務を負うとされた。

ＥＣＳＣとＥＥＣ、ＥＵＲＡＴＯＭは三つとも別個の組織として、それぞれの執行機関によって運営されてきた。その政策的効果が現れると、三つの組織の統合により、より総合的に欧州レベルでの政策を展開していくことを目的に三共同体の統一するための条約が一九六五年四月に調印され、一九六七年より発効された。欧州共同体（ＥＣ）の誕生である。

ＥＣは成立以来目覚ましい成果をおさめてきた。一九六八年に加盟国は域内貿易の関税を撤廃し、域外貿易に各国共通の関税を適用するという工業製品の関税同盟を確立し、さらに、農産物の共同市場がほぼ完成した段階で、関税同盟から経済・通過同盟への進行が、一九六九年一二月に開催されたハーグの加盟国首脳会議の場で合意された。

しかしながら、こうしたＥＣの発展は単に経済的なあるいは政治的な側面に限られていた。経済的目的を持った組織故に当然かもしれないが、発足から当初の約一〇年間は社会的な側面を重視した政策はまったく採られていなかった。例えば、欧州社会基金についてもローマ条約で規定されているように、雇用機会拡大による生活水準の向上や積極的な労働者の移動の増進のために十分活用されておらず、実際には失業者の職業再訓練や再就職手当にかなり制限的に使用されていたに留まっていた。一九六八年になってようやく、共同体内における労働者の移動の自由に関する理事会「規則」が制定され、就職のために加盟国の労働者が域内を自由に移動する権利が認められた。

一九七〇年代に入り、ＥＣは新たな局面を迎える。まず、一九七二年一月二二日、イギリス、デンマーク、アイルランド、ノルウェーの四カ国がＥＣ加盟条約に調印した。その後、ノルウェーは国民投票で加盟が否決されたため、残りの三国が正式加盟し、ＥＣは加盟九カ国となった。同じく一九七二年に一〇月のパリ拡大ＥＣ首脳会議で経済・通過同盟に政治面の統合推進を加えた欧州同盟を一九八〇年までに達成しようとの目標が出された。

以後さまざまな経済政策が活発化してきた。ＥＣ中期経済計画の策定、域内為替変動幅の縮小、欧州通貨協力基金の創設（一九七三年）、地域開発基金の創設（一九七五年）、通貨の安定化やその他各種地域格差を縮小させるための諸施策が続けて講じられた。この時期の出来事として、一九七二年三月一〇日、欧州評議会が前掲の社会保障に関する暫定協定を社会保障に関する欧州協定という形にまとめあげた。

石油危機を前にした一九七二年一〇月のパリ首脳会議において、ＥＣはこれまでの経済優先主義から遅れていた社会的側面の重要性が再認識され、ＥＣが重商主義者の顔ではなく人間的な顔を持つことが主張され、同時にそのための社会行動計画を策定することで合意した。この合意に基づき、翌一九七三年に社会行動計画案が提出され、一九七四年一月に理事会で承認された。この時の行動計画では多様な政策を最優先課題、優先課題、一般的な課題と三段階に区別している。因みに、社会保障に関しては、一九七四年までに理事会が取り組むべき最優先課題には掲げられておらず、一九七四年から七六年の間に優先的に取り組む課題の(B)の生活および労働条件の改善に関する施策の一つとして「所得水準の向上に応じた社会保障制度の導入」が取り上げられている。

総括すると、ＥＥＣ成立から石油危機までの時期は、ＥＥＣ自体の発展の時期に相当するが、それは経済的な発展であり、社会的側面は軽視されてきた時期を意味する。それでも、各国は経済が比較的安定しており、社会問題も顕在化してこなかったため、改めて注目されてこなかった。この時期には、社会政策の分野全般に関して目覚ましい進展は見られなかった。

3　石油危機からマーストレヒト条約まで

設立以降、ＥＥＣは躍進し続けてきた。経済政策も統合に向けて着実に進展してきた。こうしたＥＥＣの発展に待ったをかけたのが、一九七〇年代中盤の石油危機であった。石油ショックによる加盟各国の経済不況によって、

ＥＥＣの真価が改めて問われることになった。前掲の一九七〇年代初頭に出された経済政策も多くが石油危機に際して目標を失っていった。

一九七四年の石油危機の年は社会行動計画案が施行される年でもあった。中期経済計画等も進捗状況が著しく遅れた。一九七八年ごろにはようやく経済が安定を回復し、インフレの沈静化に成功したフランスのジスカール・デスタン大統領と西ドイツのシュミット首相の政治的イニシャティブの下で欧州通貨単位（ＥＣＵ）を軸とする欧州通貨制度が一九七八年一二月のブリュッセルでの欧州理事会で創設され、翌一九七九年から発足された。ところが、欧州の経済不況は根深く、一九七九年の末には第二次石油危機が勃発し、ＥＥＣの経済は一九八〇年代前半にかけて長期停滞に陥ることになった。

一九七〇年代に成果が残されたのは、男女機会均等の領域であった。一九七五年には男女の同一賃金に関する「指令」が採択され、一九七六年には、雇用、職業訓練、昇進、労働条件へのアクセスの男女平等に関する「指令」、一九七八年には社会保障の男女平等に関する「指令」が採択された。こうして、ＥＣは世界的に見ても最先端の男女平等の政策を実現していった。

拡大ＥＣの成立に伴って、一九七四年のパリ首脳会議において、共同体の活動と政策を検討するために欧州理事会が開催されることが決まった。一九七八年四月のコペンハーゲンでの欧州理事会において、EC加盟国の民主的性格に関する宣言が採択され、政治統合への協力が打ち出されるに至った。欧州議会の議員の選出に際して、一九七九年六月にはこれまでの加盟各国による任命に代わってEC加盟国の国民によって直接普通選挙が初めて実行された。

石油危機以降の深刻な経済不況下で、ＥＣの活動は次第に制限されてきた。経済的成功を収めて初めてＥＣは支持されるものであり、経済的な成果も挙げられないようなＥＣはもはや人々の支持を失い存立の危機とさえ言われたこともあった。一九八〇年代に入って、ECはまた新たなる局面を迎える。一九八一年一月一日より、ギリシャがECに正式加盟し、加盟国は一〇カ国になった。一九八四年四月の欧州会議では「欧州連合草案」が採択され、沈滞気味であった欧州統合の活性化が模索された。一九八四年六月のフランスのフォンテンブローでの欧州理事会でECの機構改革に関する特別委員会が設けられ、一九八五年三月のブリュッセルでの外相理事会に最終報告書を提出した。一九八五年のルクセンブルクでの欧州理事会の場で、改革は合意に達した。同年一二月の政府代表者会議で「単一議定書」の草案が作成された。ただし、イタリアは改革が不十分であるとし、デンマークは逆に行き過ぎであるとして両国は調印を留保した。

こうした動きと並行して、一九八六年一月よりスペイン、ポルトガルがECに加盟して一二カ国に拡大した。他方、単一議定書は各国の憲法上の規定に沿って批准され、一九八七年七月一日から正式に発効された。単一議定書はECの存立根拠である条約を初めて修正するものであり、ECの歴史上でも大きな転換点を成している。単一議定書では、まず、欧州政治協力の確立と三つの共同体の設立条約の改定を同時に欧州連合の構想の下で押し進めていこうとするものであった。ここにおいて初めて一九九二年の欧州単一市場の形成が公約され、さまざまな行動計画が打ち出され、施行されることになった。

EEC設立条約の修正に関しては、「労働環境改善等の社会政策の推進」が掲げられ、新しい政策課題が提示された。しかしながら、詳しくは章を改めて検討するが、社会保障に関する限り、この議定書による成果はほとんど見られなかった。一九八五年六月に作成された『EC域内統合白書』は単一市場の形成のために課題となる二七九項目を掲げた。経済的な課題に限らず、政治的、社会的、文化的なすべての分野に関する課題とされ、これらの課題を解決することが単一市場の完成であると説いた。だが、実はこの中に社会保障は含まれていなかった。以後、『白書』に沿って計画の進捗状況が随時報告された。単一議定書は特定の議案を除き特定多数決制を採用し、その結果、二七九項目中約二〇〇項目の採択が可能とされた。

一九八八年二月、EC委員会は域内市場統合に際して社会的側面が重視されるべきと発表した。同年六月の西ドイツのハノーヴァーでの欧州理事会においても、一九九二年の域内市場統合に向けても労働社会分野が重要であることが強調された。その趣旨から、具体的な作業計画として『マリーン報告書』が同年九月に採択された。これを機に、『EC社会憲章』の作成が急がれた。

一九八九年一二月に難航の末『労働者の基本的社会権に関する共同体憲章（通称、EC社会憲章）』が成立した。草案当初、EC委員会が意図した内容は大きく妥協して、ようやく成立に至ったもので、内容は後に検討するように極めて一般的でむしろ消極的なものとなっている。「社会保護」に関してはごく短く触れているだけに過ぎない。『社会憲章』と同時に行動計画が出された。こちらは比較的詳細に新しい政策目標を掲示している。障害者対策や高齢者対策について強調されていることも注目するべきである。だが、この行動計画においても、ECが社会保障の分野で統合化に向けての新たな政策をとり、一九九二年に向けて積極的な活動をするとは述べていなかった。

こうして、一九九一年にEC理事会は社会保障の分野における収斂化シナリオを公表した。さまざまな評価がなされているが、大方の見方ではECの社会保障政策の後退が指摘された。つまり、収斂化は戦後ECの政策と無関係に着々と進められてきたものであり、各国とも諸外国の影響を受けながら改革を続けた結果であった。ここで改めてECがこの収斂化を進めるイニシャティブをとろうというのである。

4　マーストリヒト条約以降

目標であった一九九二年を目前にして、一九九一年一二月に欧州連合条約（通称、マーストレヒト条約）が締結された。欧州連合（ＥＵ）が成立し、単一市場の形成が確認された。これまでの経済分野における超国家的な欧州共同体の統合の枠組みに加えて、共通外交・安全保障政策、司法・内務協力という加盟国間の政府間協力関係の枠組みが構築されたことになる。通貨統合をはじめ、多くの点が新たに条約に盛り込まれた。

その中で社会保障に関係するものとして、「欧州市民」の概念が強調されたのは、新しい時代の幕開けを想定させるものであった。このサミットで、社会政策に関する議定書が出された。一一カ国合意としてイギリス抜きで成立したが、社会保障については大きな進歩は見られなかった。

一九九五年、オーストリア、スウェーデン、フィンランドの三国がＥＵに加盟し、加盟国は全部で一五カ国になった。世紀末のこの時期に、ＥＵは新たな動きが始まる。一九九七年、設立以来の法的枠組みが修正されることになった。欧州経済共同体を設立する条約、欧州石炭鉄鋼共同体設立条約、欧州原子力共同体設立条約に関して、すでに死文化していた五六以上の条文を削除し、新たな条文が加えられた。

欧州議会の権限を強化し、共同決定手続きを変更した。警察・刑事司法分野における政府間協力の強化、移民問題、詐欺防止、人の自由移動に伴う法律の制定等が盛り込まれた。市民権や個人の権利をより尊重し、雇用問題や共同体の自由、安全保障、司法制度に言及して、共通外交・安全保障政策も強化する内容であった。ＥＵ拡大への準備として機構改革についても言及がある。一九九九年にアムステルダム条約は発効した。

他方、一九九八年に欧州中央銀行が発足し、一九九九年には単一通貨ユーロが導入された。金融政策の進展によって、経済統合はさらなる発展段階を迎えることになった。二〇〇〇年には、欧州連合域内における市民の人権保護について言及した欧州連合基本権憲章が公布された。

二〇〇〇年のニースで開かれた欧州理事会で欧州経済共同体設立条約（ローマ条約）とマーストリヒト条約に修正を加えるニース条約が合意され、翌二〇〇一年に調印され、二〇〇三年に発効した。ニース条約では、将来のＥ

U拡大に備え、機構改革が進められた。加盟国の多数化に伴い意思決定が困難になるものと予想されたため、議決方法の提案がなされ、加盟国に対する制裁措置に関する規定も認められた。また、機構改革や欧州検察官の任命等の欧州共同体の新たな権限を規定した。

二〇〇四年には、旧社会主義諸国であった東ヨーロッパの国々を中心に一〇カ国が一挙にEUに加盟した。チェコ、エストニア、ハンガリー、ラトビア、リトアニア、ポーランド、スロバキア、スロベニア、キプロス、マルタの一〇カ国であった。続いて、二〇〇七年にはブルガリア、ルーマニアが加盟し、二〇一三年にはクロアチアも加盟して、加盟国は全部で二八加盟国となった。

冷戦構造の終焉により、旧社会主義国家であった東ヨーロッパの国々を中心に、二〇〇四年に一挙にEUに加盟したことは、EUの歴史においても大きな転機となった。旧社会主義国では、新たな社会保障の導入と社会改革に迫られている。当然ながら、EUにとっても新たな対応が求められている。

同じ二〇〇四年には、従来の法律を廃止して一本化した欧州憲法条約が調印されたが、その後、オランダやフランスの批准拒否や批准延期等の紆余曲折を経て、修正を加えた上で改革条約として合意された。この新たな条約は、二〇〇七年にリスボン条約と呼ばれ、二〇〇九年一二月一日に発効した。改正されたのは、超国家的な権限拡大を抑えた条項であった。これと同時に前述の欧州連合基本憲章も発効となった。

社会政策に関しては、二〇〇〇年のポルトガルが議長国であったリスボン会議の時に、社会政策に関しても新時代の政策方針が打ち出された。二〇〇〇年ソーシャルアジェンダであり、さらに、五年後には新ソーシャルアジェンダが公表された。

二〇〇〇年のソーシャル・アジェンダでは、EUの戦略目標として「より多くのより良い仕事とより大きな社会的統合を可能にし、維持できるように、世界で最も競争力があり、ダイナミックな知識集約型の経済を構築すること」としている。雇用開発を重視し、職場環境の改善、貧困対策、社会保障の現代化、男女平等の推進、ＥＵ拡大と対外関係の側面からの社会政策、を政策課題に上げている。

二〇〇五年の新しいソーシャルアジェンダでは、「より統合的な社会：すべての人への機会均等」をテーマとし、社会保障制度の現代化、貧困対策と社会的包摂の促進、多様性の受容と差別禁止等に言及している。

長年、域内自由移動する市民の社会保障制度適用に際して施行されてきた「規則」が、一部修正された。ＥＣ「規則」883/2004と987/2009が新たに制定された。派遣労働者については新たな「規則」が適用されることになった。

最後に、最近のＥＵを見てみると、統合の動きは停滞しつつある。それどころか、ギリシャ経済の破綻からＥＵ全体としてどこまでギリシャを支えられるのか、問われる時代になっている。経済改革が進まず、ギリシャ経済がなかなか改善されない状況にあって、ギリシャがＥＵから脱退することも考えられた。ギリシャ以外にも、イギリスも含めて加盟国の脱退が噂される状況になってきている。

最近の難民対策に関しても、ＥＵ加盟国の基本方針ですら各国の意見は一様ではない。差し迫った難民に対して、受入拒否を強調する特に旧東ヨーロッパ諸国とドイツ、フランス等では意見が明確に異なる。テロ対策にも同じことが言える。ＥＵ加盟国の足並みはますます乱れる傾向にある。国境を越えた人の自由移動は、ＥＵの目指すところであり、欧州統合へのシンボル的なものであった。ところが、現在ではその特徴を逆手にとって、テロリストが自由に活動できる温床となりつつある。

第14章　ＥＵの社会保障政策（1）
――基本構造――

ここでは、ＥＵの社会保障に関連する法律を時系列に整理してみよう。各法律ごとに、社会保障に関係する部分を引用して考察していく。

1　欧州石炭鉄鋼共同体設立条約

欧州石炭鉄鋼共同体（ＥＣＳＣ）は、欧州各国間の経済的競争から脱却し、欧州諸国間での共通利害を形成していこうとする初めての実戦的な試みであり、ＥＥＣの先導的な役割を演じた。石炭、鉄鋼という基幹産業の基礎物資に関して共同市場を構築することで、欧州全体としての発展を目指したものであった。極めて経済的な目的から設立された機関ではあるが、社会政策に関して、ＥＣＳＣの設立条約において具体的に触れている。

欧州石炭鉄鋼共同体設立条約の六九条の四項は次のように述べている。

「加盟国は国境労働者に関する特別な措置に対する偏見をもたずに、国内労働者と移民労働者との間で報酬や労働条件においていかなる差別も禁止する。特に、加盟国は社会保障規定が労働移動を抑制しないようにするために残された問題の解決に努力する。」

この立場は以下の欧州経済共同体設立条約においても踏襲されている基本的な考え方である。この条文を基にして、移民労働者のための社会保障に関する欧州協定がＩＬＯの助力を得て締結された。一九五七年一二月、欧州石炭鉄鋼共同体の六つの加盟国によって調印された。ただし、この協定は修正されたうえに、翌一九五八年のＥＥＣの「規則」3/58に統合されたため、この協定自体が実際の効力を発揮することはなかった。

欧州石炭鉄鋼共同体は、加盟国政府が炭鉱労働者の社会保障制度を保護するように規定した。一九五〇年代から六〇年代に、石炭産業はエネルギー革命により衰退の一途を辿った。その結果、炭鉱労働者の社会保障においては受給者数が加入者数を上回る状況になり、基金は赤字を続けた。そこで、各国政府は財政補助をはじめ、さまざまな支援を行った。公正な競争を維持し、炭鉱労働者への支援を促進することを目指したが、以後、欧州石炭鉄鋼共同体は何ら明確で実効力ある政策を展開しておらず、その使命はＥＥＣに引き継がれていった。

2　欧州経済共同体設立条約

続いて、一九五七年に欧州経済共同体を設立する条約（ローマ条約）が調印され、翌年より発効した。現在のＥＵ法の基礎を成している。社会保障に関しても、この条約に基づいて規定されている。

（1）共同体の使命

ローマ条約の二条は、「共同市場を設立し、加盟国の経済政策を漸次的に接近させることによって、共同体は共同体全体の経済活動の調和した発展、持続的かつ均衡的な拡大、安定強化、生活水準の一層すみやかな向上および加盟国間の関係の緊密化を促進するという使命を担っている。」と述べている。

続いて、三条ではこれらの使命を達成するためのＥＥＣの活動について、一〇項目が挙げられている。社会保障や社会政策一般についての項目は見当たらない。僅かに、「(i)労働者の雇用の機会を改善し、かつ、その生活水準の向上に貢献するための欧州社会基金の創設」だけが記されている。ローマ条約の中で社会保障や社会政策に関係する条項を以下で検討していこう。

（2）労働者の自由移動

第二部「共同体の基礎」の第三編「人、サービスおよび資本の自由移動」の冒頭、四八条では次のように規定している。

「1．労働者の自由移動は共同体内において遅くとも過渡期の終わりまでに確保される。

2．自由移動とは雇用、報酬、その他の労働条件に関して、加盟国の労働者間で国籍によるすべての差別待遇を撤廃することを意味する。

3．自由移動は公共政策、公共の安全および公衆衛生を理由として正当化される範囲で、次の権利を含む。

(a)実際に提供された雇用を受け入れる権利

(b)そのために全加盟国を自由に移動する権利

(c)国内労働者の雇用を規制する法律および行政規則に従って雇用に就くため加盟国に滞在する権利
(d)加盟国の領域内で雇用についた後、委員会が定める実施規則に規定される条件の下で領域内に居住する権利
4. この規定は行政機関における雇用（公務）には適用しない。」

この条文で保障されているのは、飽くまでも「労働者」の自由移動であり、一般の「人」の自由移動ではない。社会保障は、労働者の自由移動が認められた上で問題となる。つまり、労働者が移動するために、その労働者の後を追って社会保障が適用される訳である。「社会保障」という言葉は、五一条に初めて登場する。次のように述べている。

「理事会は委員会の提案に基づき、社会保障の領域において労働者の自由移動を確保するために必要な次の措置を特に移民労働者とその扶養者のために全会一致で採択することができる。
(a)受給権の付与および保持のため、複数国の国内法で考慮されたすべての期間の合算
(b)加盟国内に居住する者への支給」

ＥＥＣの社会保障政策は、「労働者の自由移動を確保するため」の一つの措置であると言い換えることができる。既存の社会保障制度が労働者の域内の移動の障害となることを問題としており、その対応策がＥＥＣの社会保障政策の基礎を成している。各国の国内法においては、通常、社会保障は国内に居住するすべての市民の最低生活と喪失所得を保障するためのものと規定されている。この点が、ここで強調されなければならない。

（3）労働社会政策

ローマ条約全体を見渡すと、社会保障に関する記述は極めて少ない。その中心的部分は、第三部共同体の政策の第三編の労働社会政策の箇所である。一一七条は次のように述べている。

「加盟国は労働者の生活および労働条件を向上させつつ均等化することができるように、これらの条件の改善を促進する必要性について合意する。加盟国はこのような発展が社会制度の調和を容易にする共同市場の運営から生ずるものと考える。」

加盟国の労働者の生活や労働条件の向上と均等化は、理念として極めて評価すべきものである。しかし、これに続く部分でそうした発展がＥＥＣの独自の行動によって成されるのではなく、共同市場の運営の中から生じてくるとしており、誰が、どのように行動していくのか具体的には記されていない。ここで、「共同市場の運営から生じる」とは、ＥＥＣ設立条約の基本的な見地である「人とサービスと資本の自由移動への障害の除去」を意味し、これによって生活水準や労働条件の収斂化が進行するという考えに立脚している。この一一七条は、加盟国間の社会法規の「調和化」のための基礎とされているが、その目的の達成のために社会政策を発展させていく権限が共同体の機関に与えられていない。続く一一八条では、この一一七条で指摘された手続きについて次のように述べている。

「委員会はこの条約の他の規定を害しない範囲で、かつ、この条約の一般的な目的に従って、特に次の事項に関して社会的分野における加盟国の緊密な協力を促進する任務を有する。

・雇用

・労働法および労働条件

・初級および上級の職業訓練
・社会保障
・職業上の事故および疾病に対する保護措置
・労働衛生
・労働組合および労使間の団体交渉

この目的のため、委員会は国内的規模で提起される問題および国際的機関に関連する問題について調査を行い、意見を与え、かつ、協議の機関を設けることにより、加盟国と緊密な関係を保って行動する。委員会は、この条に定める意見を与える前に経済社会評議会と協議する。」

ここで明確に社会保障がＥＥＣの政策対象に掲げられたのだが、この条文だけでは一体何が具体的に行えるのか曖昧である。ここでは委員会のイニシャティブの下に調査を行うことによって、しかも加盟国間の協力のための行動としか規定していない。具体的に、何時、誰が、どのように、何を行うのか明らかにされていない。ここでは、各国の自治が強められているのであり、ＥＥＣの共通する政策が必要不可欠であることは認識されていない。委員会はこの条項の権限を広い意味で解釈しようとしてきたが、一九六四年には、この一一八条に関する決定権限は各国政府の下にあることが満場一致で決定された。

3　単一議定書

一九八七年の単一議定書は、ローマ条約を一部修正したもので、ＥＣの新たな局面を開いたとされる。社会保障に関連しては、次の二箇所が前進として評価されている。一つは一一八条Aであり、もう一つは同じ一一八条Bである。まず、一一八条Aでは、次のように述べている。

「1. 加盟国は、労働環境、とりわけ労働者の健康と安全に関する労働環境の改善に特別の注意を払い、すでに達成された改善を維持しつつ、この分野における諸条件の調和化をその目的とする。

2. 一項に定める目的の達成に寄与するため、理事会は委員会の提案に基づき欧州議会と協力して、かつ、経済社会評議会と協議の後、各加盟国における条件や技術的な法規定に留意して、『指令』によって漸進的に実施される最低条件を特定多数決により定める。

この『指令』は、中小企業の設立および発展を抑制する行政的、金融的および法的制限を課すものであってはならない。

3. 本条に基づき定められる規定は、加盟国が本条約と両立する労働条件のより強力な保護手段を維持または導入することを妨げない。」

この条項は、健康と労働安全に関するECの新たな法的基礎を創設したものとして評価することができる。健康と労働安全の欧州レベルでの進展は各加盟国とも希望するところであり、経済的発展へも大いに貢献するものであり、各国の利害がほとんど対立しない領域である。健康と労働安全に関する政策は、社会保障の領域にも波及効果を及ぼす可能性がある。

続いて、もう一つの前進である一一八条Bでは、次のように規定している。

「委員会は、欧州レベルでの労使間の対話、もし双方が望めば協定に基づく関係をもたらしうる労使対話を促進することに努める。」

欧州レベルの労使対話の成果、さらに、仮に進展しても、その中で社会保障がどれだけ議論され、実際の効果が発揮されるかは未知数である。欧州は、日本とは比べものにならない程度に労使団体が社会保障の運営に影響力を持っている。欧州レベルでの社会保障政策に、労使団体が影響していく展開も可能性がある。

これら二つの条項の他に、法制の接近化に関して注目すべき修正が行われた。前掲の一〇〇条にA項が付け加えられた。次のように明記されている。

「1．一〇〇条にもかかわらず、かつ、本条約に他に規定する場合は別として、以下の規定が八条Aに定める目的の達成のために適用される。理事会は委員会の提案に基づき、欧州議会と協力して、かつ経済社会評議会と協議の後、特定多数決により、域内市場の確立および運営を目的とする加盟国の法律、規則および行政措置の接近に関する措置を定める。」

ところが、この規定は続く二項で、「財政、人の自由移動ならびに被用者の権利および利益に関する規定には適用しない」と明記している。つまり、満場一致に代わる議決方式として注目された特定多数決主義については、社会保障は適用対象外に置かれ、依然として満場一致の原則に委ねられた。以上の点から、単一議定書がＥＣの社会保障政策にもたらした肯定的な修正は極めて小さいと言わざるを得ない。

4　EC社会憲章

一九八九年に労働者の基本的権利に関する共同体憲章（EC社会憲章）が成立した。この憲章はローマ条約とは直接関係なく、ECの社会保障政策の修正を述べているものではないが、この段階でのECの社会政策の意義や将来の方向について指摘するものであり、法制化への拠り所ともなる。

社会法を中心に、その基本的な原則について社会憲章が作成されることがある。よく比較されるのが、カナダ国内の社会憲章と欧州評議会の社会憲章である。欧州評議会の社会憲章については、第Ⅱ部で紹介したように、内容は比較的詳細であり、法的権限は弱いが、一九六一年の制定以来、各国で特定の成果を収めてきたと言われる。

一九八九年一二月に成立した「労働者の基本的権利に関する共同体憲章」において、社会保護に関しては次のような記述がある。

「各国で適用されている取決めに従って、

10．欧州共同体のすべての労働者は、社会保護に関する権利を持ち、地位、雇用されている企業の規模にかかわらず、十分な水準の社会保障給付を享受する。労働市場に参入、または再参入できず、生活資力のない者はその状況に応じて十分な生活手段と社会扶助を得なければならない。」

ここで重要なのは、一〇項の前の「各国での取決めに従って」という冒頭部分であり、基本的にはECは各国の国内の社会保障政策に直接関与しない旧来の立場が堅持されていることが確認できる。さらに、ここでは社会保険制度よりはむしろ公的扶助について触れているところが興味深い。

さらに、社会保護の項目とは別に、児童と若年者の保護、高齢者や障害者についても個別の項目を設けている。高齢者については、次の記述がある。

「加盟国に適用されている取決めに従って、

24．欧州共同体のすべての労働者は、退職時に十分な水準の生活が送れるだけの手段を得ていなければならない。

25．退職年齢に達したが年金受給権がなく、または、他の生活手段がないすべての者も十分な生活資力と必要に応じた医療・社会扶助を受ける権利をもたなければならない。」

続いて、障害者についても次のように触れている。

「26．障害の原因、性質にかかわらず、すべての障害者は社会的、職業的参加を促進する一層の具体的援助を受ける権利をもたなければならない。これらの援助は、特に、受益者の能力に応じて、職業訓練、人間工学、教授可能性、移動性、交通と居住にかかわるものでなければならない。」

これより先に、男女平等待遇についても憲章は言及している。男女の機会均等のため、雇用、報酬、労働条件、社会保護、教育、職業訓練、昇進における平等待遇の確保のための措置を強化すべきと述べている。当然ながら、社会保障にも関係してくる。

最後に、憲章は施行方法についても触れている。最終的にはＥＣは労働者の基本的な社会的権利を保障するための法律や労働協約の成立を目指している。そのためにも、欧州委員会は毎年憲章の内容の進捗状況について各加盟国が報告書を作成し、欧州連合理事会と欧州議会と欧州委員会に提出するように付記している。

社会憲章と同時に、今後憲章の内容を実現するためのＥＣの行動計画が発表された。社会保護の項目の初めに次のような記述がある。

「社会保障制度は加盟国によって本質的な格差がある。それは加盟国に適した歴史、伝統、文化的慣習を反映しており、異論を挟む予知は残されていない。そのため、この分野の制度を『整合化』する可能性はまったくない。」

社会保障に関するＥＣの基本的姿勢がうかがえる。ところが、具体的な提案として二つの点を指摘している。一つは社会保護の目的の統合であり、「共同体レベルでの社会保護の目的と政策の統合戦略の促進に関する意見の一致」を勧告している。もう一つは社会保護制度における十分な生活手段と社会扶助についての共通基準に関する勧告である。

目的の統合は社会保障全般にかかわる重要なことであるが、加盟国によって必ずしも一致していない。社会保障の国際的「整合化」の第一歩となる。他方、最低所得保障が取り上げられたのは興味深い。社会憲章という基本的な権利を問題にするところで、最低所得保障はまさに重要なものとなる。ＥＣは当面、加盟国を通じて最低所得保障制度を創設することを目指していくものと思われる。この他、児童と若年者の保護、高齢者や障害者の保護も論じられているが、内容に具体性が欠けていると言えよう。最後にもう一つ興味深い行動計画は、移動の自由に関する新たな提案の第五として、補足給付制度が掲げられていることである。次のような記述がある。

「社会保障の補足的な制度において、『整合化』が行われないために労働者の権利が奪われ、加盟国間の労働者の職業的移動の妨げになっている場合がある。特に、社会保護が一般に補足制度に依存している中高年管理職の場合に該当する。補足制度の多様性は国のレベルにおいても、権利の移転を大変複雑なものにしている。」

補足制度とは、定義が極めて曖昧であり、国によって内容がかなり異なる。主として、労働協約によって成立している制度や個人加入の制度、あるいは法定制度のものもある。その重要性も国によって異なり、例えば、フランスでは極めて重要な機能を果たし、これが「整合化」の対象とならないのは、移動する労働者にとっては大きな権利の喪失を意味する。その意味で、社会保障の「整合化」が適用される対象制度が拡張していくよう検討されている。

5　欧州連合条約（マーストリヒト条約）

一九九一年一二月のマーストリヒト・サミットは、EUの歴史上で一つの大きな転換点になった。欧州理事会で欧州連合への基本合意が形成され、翌年条約批准作業に入り、一九九三年一一月になってようやく欧州連合条約（マーストリヒト条約）が発効した。この条約はEEC、ECSC、EURATOMの各設立条約を改正し、さらに、共通規定、共通外交・安全保障政策、司法・内務分野の協力と最終規定を含む大掛かりな条約である。EECに関しても、ローマ条約以来の最も大きな法的根拠の修正を意味することは間違いなく、新しい時代の幕開けとも言えよう。

この時締結されたマーストリヒト条約では、すべての加盟国一二カ国が「欧州連合（EU）」を創設することを確認した。つまり、かつてないほどに加盟国が接近した連合組織が創設されることになった。

同条約で欧州連合の目的として五つ挙げているが、その第一では「均衡のとれた経済的・社会的発展」を掲げ、第三の目的として「欧州市民の概念を導入することで加盟国の国民の権利と利害の保護をさらに強化すること」に触れている。非常に抽象的ではあるが、この「欧州市民」の概念はEUの目指す最終目標であり、社会保障の領域にも関係するものである。ただし、条約自身はその社会保障政策について直接云々していない。

連合条約の中で高らかと掲げられた「欧州市民権」の確立についても、その理念は賞賛されても、具体性に乏しいと言える。マーストリヒト条約が言及している「欧州市民権」の内容は、域内を自由移動する権利、居住する権利、地方自治体の選挙権、被選挙権、欧州議会議員の選挙権、被選挙権、自国の大使館や領事館のない第三国での外交的保護を受ける権利、欧州議会に対する請願権である。ここでも、市民が生活する上で最も基本的な社会的な権利は含まれていない。移動や居住は以前から認められていたことであり、他の政治的な権利よりも市民にとっては社会保障等の権利の方がはるかに重要である。

条約をめぐっては、日本ではその偉業への賛美が多数を占めていた。確かに、この条約が欧州統合への新たなステップであることは認めざるをえない。だが、本書の課題である社会保障の側面から見ると、必ずしも喜ばしいこととは言えない。欧州における社会保障の専門家の間では、落胆や失望の表現が多数を占めているように思える。指摘しなければならないことは、ローマ条約は多くの箇所が改正されているが、社会保障に直接係わる部分は含まれていない。

6　社会政策に関する協定

マーストリヒト条約と別に社会政策に関する協定が採択された。EC社会憲章が一九八九年一二月に成立して以来、欧州委員会とイギリスを除く加盟一一カ国は新たな社会政策の展開に積極的であった。イギリスの批准は得られなかったが、この協定において特定多数決の原則が導入され、一一カ国協定に基づいてＥＵは社会政策においても新たな活動を展開することが可能になった。

社会政策協定の一条では、その目的として雇用の促進、生活労働条件の改善、適切な社会保護、労使対話、高い雇用水準および失業対策としての人的資源開発、排除への挑戦の六点を掲げている。続いて、二条では共同体の任務として次の五分野における加盟国の行動の支援や補完について触れている。つまり、労働者の安全衛生、労働条件、労働者の情報協議、男女機会均等、障害者の労働参加である。ここで、各項目につき理事会が特定多数決で採択できるとしている。ところが、同条三項では次の領域が例外として従来通り全会一致の原則に従うとしている。

- 社会保障、社会保護
- 雇用契約終了者の保護
- 労使の代表権、利益の集団的保護
- 第三国民の雇用条件
- 雇用促進等への財政支出

ここで明らかなように、社会保障はここでも特定多数決の対象から除外され、従来のままに留まっている。もちろん、男女機会均等や障害者の規定はある程度社会保障の領域に波及的な影響をもたらすであろうが、基本的には社会保障自体の統合への進展は見られず、期待外れとの評価が主流であった。ただし、もちろん、社会的側面の中でも進展の見られた領域もあったことも事実である。特に、労使対話については一層の促進が約束され、労使事前協議が形式化されたことは社会保障にも影響しうる重要な成果と言える。

社会政策協定の特徴として、第一にＥＵの社会政策に関する権限を若干拡大したこと、第二に特定多数決主義が改めてより多くの事項に関して導入されたこと、そして第三に欧州レベルの労働協約の締結を明確化したことが指摘される。これらの点は以前から議論されてきたことであり、社会憲章の中にも盛り込まれていたことであるが、内容は幾分妥協しながら成文化されたと言えよう。だが、社会政策の中で社会保障に関しては前進はほとんど見られなかったと言える。

社会政策に関して、欧州連合条約の中での改正ではなく、これに付帯する一一カ国の社会政策協定によって新たな方向が示された。つまり、二つの立法手段が併存することになり、どのように実際に運用されるか疑問視されている。マーストリヒト条約は結果としてEUをより複雑な組織にしてしまったとされ、「法律の怪物」と形容されている。つまり、重すぎて、複雑すぎて、操作不能の状態にあるのが、マーストリヒト以後の欧州連合の姿である。もちろん、通貨政策等のいくつかの分野で大幅な前進を遂げる可能性もあることも事実であるが、社会保障政策に関しては前進は少なく、手続きが煩雑になれば、やはり、マイナスとの評価が多数を占めることになる。

7　アムステルダム条約とニース条約

ローマ条約やマーストリヒト条約に修正を加えたアムステルダム条約が一九九七年に調印され、一九九九年に発効した。アムステルダム条約は、共通外交・安全保障政策を中心に展開された。さらに、加盟国拡大に向けての機構改革も盛り込んでいた。社会保障等に直接関係するような大きな改正は見られなかった。

ただし、アムステルダム条約は、市民権や個人の権利をより尊重する内容を含んでいる。移民問題や詐欺防止等の一般市民に関する規定が盛り込まれている。人の域内自由移動を保障するために、移民法、私法、民事訴訟法に関する規定がある。警察や司法分野でも、政府間協力を強化し、効率的な運用が促進された。

二〇〇〇年のニース条約も、ローマ条約とマーストリヒト条約の双方に修正を加えた条約であるが、主な目的は加盟国拡大に向けた組織改革であり、欧州議会の議員定数等を変更した。社会保障に直接関わるような大きな修正は見られないので、条約の詳細は省略する。

8　EU基本権憲章

欧州連合における欧州市民の域内における政治的、社会的、経済的権利について定める法律である。ＥＥＣ設立条約をはじめ、これまでのＥＵ関係法には基本的人権に関する条文が存在しなかった。当初は経済的な目標が強調され、政治的な政策は回避されていた。欧州憲法との関連から「欧州市民」の権利に関する議論が活発になった。

ＥＵ基本権憲章は、二〇〇〇年に起草、公布されたが、法的に拘束力を持つものではなかった。二〇〇九年のリスボン条約が発効するのに伴い、この憲章も拘束力を持つことになった。ただし、イギリスとポーランドには適用しないことになった。

ＥＵ基本権憲章は七編五四か条からなる。第六編までは、尊厳、自由、平等、連帯、市民権、司法に関して実際の権利として規定している。第七編は憲章の解釈と適用について規定している。

より具体的には、第一編では生存権の保障、拷問、奴隷、死刑の禁止、臓器売買や人間クローン作製の禁止等について言及している。第二編では、自由、個人情報、婚姻、思想、表現、集会、教育、職業、財産、難民保護等について規定している。第三編では、性や障害等を理由とする差別禁止、子供や高齢者の権利等について規定している。

第四編は、平等な労働条件、不当解雇からの保護、社会保障、医療、最低生活保障、住宅扶助等を受ける権利について規定している。第五編は選挙権や市民として行政に対する権利等について規定している。第六編は、効果的な救済、公正な裁判、推定無罪、法律遵守の原則、不遡及の原則、一事不再理の原則、司法に関する権利等について規定している。

第15章 EUの社会保障政策（2）
——社会保障の「整合化」——

「整合化」とは、既存の国内法規の修正を伴わずに、複数の国々の社会保障制度間で調整し、適用される制度と適用方法を規定するものである。「整合化」政策はEUの社会保障政策の骨格を成すものであり、その内容は制度によっても若干異なる。

1 社会保障の「整合化」規定

（1）社会的背景

EECは周知の通り、財、資本、サービス、そして、労働者の自由移動を達成しようとするものである。ローマ条約の四八条および四九条は加盟国出身者が域内のどこにおいても、国籍による差別を受けずに労働する権利を保障されることを規定している。人為的な制度によって、このことは阻害されるべきでないことが確認されている。

ローマ条約が準備されていた一九五〇年代には、六カ国の社会保障の大きな違いは周知されていた。この違いは容易に統一できるものでもないし、また、EECの目的を達成するためにこの違いが必ずしも障害になるとは認識されていなかった。このため、ローマ条約では五一条で「労働者の自由移動を確保するために必要な社会保障の分野での措置を理事会が採る」ことを明記している。つまり、各国の社会保障制度を統合することは本来の直接的な目的ではなく、労働者の自由移動を確保するために、社会保障が阻害要素とならないようにすることがＥＥＣの使命であり、共同体の権限もその範囲に限定される。このことは、社会保障に関するＥＥＣの政策において、「整合化」が最も基本的なものであることを意味する。

ローマ条約五一条を根拠として、「整合化」に関する「規則」が制定され、ＥＵの社会保障政策の第二次的法的根拠となっている。一九五八年に「規則」三号および四号が制定され、加盟国間を移動する労働者の社会保障上の権利に関する規定が成立した。ここでは欧州石炭鉄鋼共同体が採用した既存の協定をモデルとして援用したと言われている。この「規則」によって、欧州委員会、欧州議会、そして欧州裁判所が社会保障に関しても審議できるものとされている。一九五九年に施行を始めた「規則」三号および四号は、一九七二年に改定され「規則」1408/71と「規則」574/72となって、さらに充実した「整合化」を規定している。

（2）「整合化」の目的

社会保障の「整合化」が必要な理由は、国際的に移動した労働者が社会保障の権利を喪失してしまうため、結果的に労働移動を抑止する効果があるためである。他方、内外人の平等待遇からも、外国人が不利益を被ることは人権の侵害でもあり、社会保障においても平等待遇が制度化される必要があったとも言える。

社会保障「規則」の根拠であるローマ条約五一条は、「整合化」の実際の意味については触れていない。欧州裁判所には社会保障の「整合化」に関して二五〇以上もの判決を下しているが、このことは「整合化」が如何に複雑で困難であるか物語っている。「整合化」に関する明確な定義づけがないことが「整合化」を曖昧なものにしている。

基本的には各国政府は社会保障の運営に関しては、完全な自治を有しており、その具体的な施行は独自の権限下で決定できる。「整合化」はこうした各国の相違を尊重し、その相違を無くすことを目的とはしていない。ただし、ＥＥＣ「規則」は域内での労働者の自由移動へ阻害となるような国内法を改正していくことを目指している。

共同体の社会保障法規は域内を移動する数百万人に高い保護水準を提供しているが、さらなる改善が可能であるし、既存の制度はもっと機能的に運用され得るし、各国の相違も縮小されつつある。具体的な「整合化」の内容も各国の国内法の修正、裁判所の判例、欧州社会政策の進展に応じて変化してきている。事実、平均して一年に一度くらい「整合化」の関係規定が修正されてきている。今後も欧州レベルでのさまざまな状況の変化に対応して「整合化」規定も変容していくであろう。

(3)「整合化」の基本原則

①一法律適用

各国の社会保障法の適用条件は国によって異なる。その結果、域内を労働者が移動する場合、各国の条件を満たさないために適用する社会保障がなかったり、逆に、複数の社会保障が同時に適用される人がでてくる。そこで、いづれか一つの法律が適用される基本的なルールが必要となる。

例えば、デンマークでは地域主義の加入方法を採用しており国内居住者はすべて社会保障に適用されるが、他方、ドイツでは職域主義に従って労働している者が職場単位で社会保険の適用を受ける。国境近くでドイツに居住しつつデンマークで働く者はいずれの国の社会保障も適用されないが、逆に、デンマークに居住してドイツで働く者は両国の社会保障が適用される。このように、各国の社会保障の適用条件の相違から、移動する労働者が社会保障の重複適用あるいは無適用を被ることは、EUの基本原則である労働者の自由移動を阻害するものと言える。

　このような適用上の問題に対して、「規則」1408/71号の一三条は居住地に関係なく就業している国の社会保障法規が優先的に適用されるという原則を明記した。ところが、この統一的な規定にも問題が残る。批判が集中したのは、加盟国内の企業命令によって一時的に外国で勤務する場合であり、新たな政策が採られた。

　例えば、フランス人でフランスの企業で働いているが、一時的（当初一年以内、ただし更新可）にドイツで同社の支店勤務を命じられた場合、社会保障法規は通常フランスの法規が適用されることが同じ「規則」1408/71号の一四条の一項で定められている。こうしたケースは少ないものであり、通常、多くの人は当該雇用国の社会保障法に従うことになる。「整合化」が登場するのは、法律が重複したり、排除しあったりして、どちらの国の法律が適用されるべきかわからなくなった場合のみである。

　なお、この一法律適用の原則はすべての社会保障制度に関して完全に適用される。つまり、拠出率から給付の種類や水準等すべての関連規定が当該人に対して適用され、一部が他の国の制度に従うようなことは起こりえないことになっている。つまり、給付制度ごとに資格要件が検討されるのではなく、全社会保障給付制度が体系的に全部適用される。

　ここでは原則としているが、実際にはより複雑な場合がある。労働者が複数の国で働いていたり、使用者も複数の国にまたがっていたり、複数国で自営業を営む者等、限り無く複雑な事例が存在する。一四条は適用される法律について、例外規定も含めて詳細な規定を盛り込んでいる。重要と思われるものを掲げよう。

　まず、複数国で労働する者、あるいは、複数国で営業活動を行う複数の使用者に雇用されている者の場合、当該労働者が居住国の労働にも関与している場合はその居住地の法律が優先的に適用される。次に、複数国で雇用されてそのいずれにも居住していない場合には、使用者の事業所が登録されている国の法律が適用される。ある国で雇用され、別の国で自営業を行う者については、雇用されている国の法律が優先適用される。

② 内外人平等待遇

移民労働者は受け入れ国において社会保障の適用の際に、国籍による差別を被ることがある。社会保障の適用を国民に限定する場合もあろうし、それでなくとも制度適用の資格要件や他の条件を満たさないことによって結局は適用を除外されることがある。振り返ってみると、国籍による差別の禁止は欧州経済共同体の基本原則の一つでもあり、ローマ条約の七条では国籍に基づく差別を禁止すると言及している。

平等待遇はＥＣ社会保障政策においても重要な柱となっており、「規則」1408/71号の三条でも加盟国に居住する者はどの国においても当該国民と同じ義務と同じ給付を社会保障に関して得るとしている。すでにこの平等待遇の原則に関しては多くの判例があり、多くの解釈がなされてきた。そこでは、単に公然とした国籍による差別ばかりではなく、さまざまな領域での隠された差別も禁止されてきた。社会保障の領域においては、とりわけ間接的な差別が存在しており、まだ問題は多く残されている。

③ 給付の国外送金の保障

年金の支給に関しては申請者が当該国に居住していることを条件付ける国がある。この場合、給付の国外への送金を阻害していることになる。このような国内法規は年金権を出身国以外の国で得て退職後に出身国に戻って老後を送りたいという移民にとって大きな障害となる。もし、「整合化」の規定が存在しなかったら、こうした移民の社会保障の権利は完全に失われてしまう。このことは、正にＥＵの目的でもある労働者の自由移動を阻害するものと言えよう。

「規則」1408/71号は、これらすべての居住条項を廃止した。そして、障害、老齢、遺族、労働災害・職業病等の各種給付の既得権は、申請者が他の加盟国に居住していても支給されなければならないと明記している。同「規則」の一〇条一項では、年金権についての送金を保証している。裁判所は、この規定は居住地を変更することで生じるいかなる不利益から労働者を保護し、労働者の自由移動を奨励することを目指している。つまり、この原則は居住条件に従うことはもはや既得権としての年金支給のためには認められないばかりか、他の国に居住していることだけを理由に年金加入を個人が拒否することができないことも意味する。

裁判所の判決がこの一〇条の適用範囲をかなり広く解釈していることは明らかである。多くの加盟国は年金権の付与は国内の申請者の居住地に基づいて認められる。裁判所は年金権の付与、さらに年金支給に際しての居住規定をすべて無効にしてしまった。こうした各種現金給付の送金の保障に加えて、医療等の現物給付に関しても居住国が自国の法律に基づいて支給し、支給義務国が当該国に後に償還する方法が採用されている。

④ **資格期間合算**

すべての加盟国において、年金等の特定社会保障給付は支給条件の一つとして特定期間の加入期間、あるいは、雇用期間を課している。つまり、申請者はこれまで特定の期間当該国に居住し、就労し、拠出してきたことがなければ受給権が付与されない。こうした条件は移民労働者に大きな不利益を与える。「規則」1408/71号は、他の加盟国での保険期間を当該国の支給条件としての保険期間に含ませる規定を設けている。これが保険期間あるいは居住期間の合算（aggregation）である。この規定は社会保障の各制度において適用されている。同「規則」一八条が疾病・出産について、三八条が障害、四五条が老齢年金・遺族給付、六四条が死亡給付、六七条が失業給付、七二条が家族手当についてそれぞれ合算の規定について言及している。

これら四つの原則に基づきながらも、社会保障「規則」は他にも多くの規定を導入している。特別な制度を持つ特定国へ特別な法規を準備しているし、国境周辺の労働者や季節労働者等の特別な状況下の労働者へも特定の規則を備えている。また、社会保障の制度ごとに特別な規定も設けている。例えば、A国の社会保険の適用を受けている者が休日にB国で急病に陥った場合、当該緊急患者はB国においてB国の被保険者と同等に扱われる。年間、この規定の適用事例は数百万件に及んでいる。

2 欧州裁判所の役割

社会保障「規則」は、各国の社会保障制度の各組織を拘束するものである。この「規則」の解釈についての労働者と加盟国の社会保障関係組織との間の訴訟は各国内の法廷で処理されるし、また、必要に応じて欧州裁判所に持ち込まれることもある。国内の裁判所は「規則」をどのように解釈すべきか、欧州裁判所に問い合わせることができる。「規則」の各条項の有効性まで問い合わせることもある。

もし、当該「規則」がローマ条約の諸目的に矛盾すると欧州裁判所が判断すれば、無効を宣言する。この手続きは事前の裁定への照会であり、ローマ条約一七七条で定められている手続きでもある。したがって、加盟国の裁判所がECの「規則」の各条項の有効性や解釈について判決を下さなければならない時、判決を出す前に欧州裁判所に予備的な判決を求めることがある。しかし、当然ながら、各加盟国内では、国内の裁判所が最高の決定機関であり、その決定は欧州裁判所にも影響力を持っている。この照会の手続きは、飽くまでも社会保障「規則」が加盟各国で可能な限り首尾一貫した理解をするために取られるものである。そのような手続きがなければ、国内の裁判所は同じ「規則」に関して違った解釈を行うこともあり得る。

社会保障「整合化」の基本原則は、実はＩＬＯの原則とほとんど同じである。ＩＬＯの社会保障政策とＥＵの社会保障政策の違いは、法的には欧州裁判所の存在であろう。ＩＬＯは原則を提示しながらも、訴訟に際しては当該利害関係国間での裁判所の調停に委ねているのに対して、ＥＵは自ら法律の解釈を下す独立した裁判所を有している。しかも、ＥＵの場合、各法律は加盟国すべての満場一致、もしくは、特定多数決によって成立し、当然ながら成立すればすべての加盟国に拘束力を及ぼす。さらに、国内法と矛盾した際には、ＥＵ法が国内法に優先するという性格を持つ。

3　「整合化」の適用対象

（1）適用対象制度

最初の問題は、社会保障の「整合化」規定はどの制度に対して有効なのか、その適用範囲である。「規則」1408/71号の四条一項では次のように指摘している。

この「規則」は社会保障の次の領域において適用される。

(a) 疾病・出産手当、(b) 障害給付、(c) 老齢給付、(d) 遺族給付、(e) 労働災害・職業病、(f) 死亡手当、(g) 失業給付、(h) 家族給付

これに続く二項では、この「規則」は拠出制、非拠出制を問わず、すべての社会保障一般制度ならびに特別制度に適用されると述べている。ところが、社会扶助給付、戦争犠牲者への給付、公務員のための特別制度には適用されないと規定している。

また、適用するリスクがわかっても、具体的に各国のどの制度が適用されるのかはまだ必ずしも明確ではない。各国の国内法の法律に規定された社会保障制度が適用の対象となる。そこでは、「法律」と「給付」の定義がないと、適用制度を確定するのには不十分である。ＥＣの社会保障「規則」では、これらの言葉の定義を示している。そこでは、「法律（Legislation）」とは前掲四条で規定した社会保障制度に関する加盟国における制定法や通達、その他すべての特定制度を設立する法文を意味すると「規則」一条(j)で明記されている。ただし、「規則」五条では、加盟国政府が理事会に宣言してＥＵの官報（Official Journal）に掲載された法律文書と具体的制度を適用対象として特定化できるとされている。判例に従えば、こうした文書や制度は本来法律に基づいたものではないが、宣言された文書や制度は「規則」1408/71が適用される社会保障制度であるとＥＵが認める。

前述のとおり、労働協約に基づく制度には、「規則」は適用されないことになっている。そこで、問題となっているのは、補足給付制度である。一般に、補足給付制度の多くは受給権の取得や資格要件の取得により長い期間を要し、これらの権利を取得する前に外国に移動する労働者にとっては、ＥＣ「規則」に基づく合算制度や按分比例計算等が適用されないため、かなりの不利益になる。

ここで興味深いのはフランスの事例である。フランスの失業保険は法定社会保障制度ではなく、労働協約として成立している。したがって、本来ならばＥＣ「規則」は適用されないはずであるが、フランス政府の理事会への宣言によって「規則」の適用対象として認められている。

（2）適用対象者

次に、「規則」1408/71が適用対象とする人の範囲については、同「規則」二条において触れている。まず、一項において、「この規則は、加盟国の国民であって加盟国の法律に従属する、もしくは、従属したことのある従業員、あるいは自営業者、もしくは無国籍者、難民で、加盟国に居住する者、さらには、その家族や遺族に適用される」としている。

続いて、二項では、「遺族が加盟国国民であるか、加盟国に居住する無国籍者あるいは難民である場合、従業員あるいは自営業者の国籍にかかわらず、加盟国の法律に属する従業員か自営業者の遺族」とみなすと述べている。さらに、三項では「規則」が適用される加盟国の法律に属する公務員もしくはそれに準ずる者にも適用されるとしている。

適用対象者に関する制限に対して、ＥＵは長年その対象の拡大を模索してきた。一九九一年には欧州委員会は加盟国のすべての居住者に適用対象者を拡大しようと提案を発したが、いまだに採択されていない。

（3）国籍の概念

国籍を変更する場合には、この「規則」1408/71号の適用の際に問題を残している。つまり、加盟国の国民が加盟国の国籍を喪失したり、新たに加盟国の国籍を取得した場合、従前の社会保障制度が如何に適用されるのかという点である。どの時点で加盟国の国民になり、「規則」の適用下に入るのかが問題となる。

一九七八年の判例によると、加盟国の国籍が適用条件として問われるのは給付が申請された時ではなくて、特定の就労期間があり、保険期間が満たされて、給付が支給されなければならなくなった時点であると解釈された。例えば、ある人が以前に加盟国の国民であり、その間に被保険者となり給付を申請したが、その後にその国籍を失った場合、判例に従えば現在国籍をもっていなくても既得権の保持が認められることになる。

いている。

実際に、「規則」が適用される人の範囲は、当該人の職業の性格や移動の理由とは関係なく、国内労働法に従うことが決められている。これは逆説であるが、「規則」は純粋に共同体の概念に基づいているが、国内法の規定も無視しえない。欧州裁判所は「規則」で言及している「従業員とそれに準ずる者」とは、加盟国の国内法に従って社会保障が適用されているすべての者を指すとしている。つまり、国内の社会保障の適用を受ける者が共同体の社会保障の「整合化」の規定の適用対象となる「労働者」に相当する。

この定義は「規則」1408/71号にも援用され、一条の(a)は社会保障制度が適用されている従業員および自営業者と規定している。現代社会においては、国民すべてが社会保障の適用を受けている。「従業員および自営業者」とは、実際上、ほとんどすべての労働者を意味する。就労した時期によって特定の労働者層を「規則」の適用から除外する根拠はない。欧州裁判所も職業に従事した時期とは無関係に、「規則」1408/71号の一条(a)と二条一項を満たした者はすべて「規則」の適用対象となると述べている。

各加盟国におけるさまざまな社会保障制度の適用条件はそれぞれの国で決められることであり、EUはこれに何も付け加えるものではない。「規則」1408/71号は異なる各国の社会保障制度を「整合化」することであり、各社

(4)「労働者」の概念

「労働者」の概念は加盟国の国内の判例が指示したものではなく、EC法によって定義されたものが採用される。つまり、ローマ条約五一条で示された目的に照らして、「労働者」という言葉を広義に理解している。「労働者」を単に厳格な意味で就労の目的で一加盟国から他の加盟国に移動する移民と解釈するのは、もはやローマ条約の基本的精神に合致していないことは明らかであり、将来には、目的を問わず他の加盟国に滞在する者という解釈を優先させることは明らかである。「規則」1408/71号はすでに「共同体内を移動する従業員や自営業者」との解釈を用

会保障の諸条件を統一化させようとするものではない。

（5）「遺族」「家族」の概念

ＥＣ法は移民労働者のみを労働の提供者とみなしておらず、家族単位での人的適用を配慮している。欧州裁判所も労働者の家族構成員の当該国への定着を阻害しないように努力している。「家族構成員」さらに「遺族」については、「規則」1408/71号が一条の(f)と(g)において定義付けている。

まず、「家族構成員」については、加盟国において国内法に基づいて社会保障給付が「家族構成員」として適用される者をＥＣ法においても「家族構成員」とみなす。もし、該当する法律が従業員や自営業者と同じ屋根の下に住む者だけを「家族構成員」と規定するような場合、当該人に扶養されている者は「家族構成員」とみなされる。「遺族」については、同様に各国で社会保障法に基づいて社会給付が付与される「遺族」をＥＵも「遺族」として認めている。ただし、当該法が「遺族」を死亡した者と同じ屋根の下に生活していた者」と定義している場合は、主として死亡した者に生計を依存していた者とＥＵは解釈している。

共同体内を移動する労働者に適用される規定はすべて同様にその「家族構成員」や「遺族」にも適用される。休暇で他の加盟国に滞在中の労働者は当該国で医療サービスの提供を受けられるが、その家族も同様の提供を受けることが「規則」二二条(1)で定められている。

（6）公務員の概念

ローマ条約四八条(4)では、労働者の自由移動に関する規定は「行政機関における雇用については適用しない」と明記している。しかし、欧州裁判所の判例では、「公務」の概念をより狭く理解し、他の加盟国の公務にも他の加盟国民が従事できるとして、公務員の自由移動も認める見解を示している。したがって、「規則」1408/71は、加盟国の法律に属する公務員にも一定程度適用される（二条(3)）。法定社会保障制度の一環として公務員のための特別制度を排除する必要はなく、一般制度と同様に公務員の制度も適用対象に含まれる。

(7) 無国籍者、難民の概念

人の自由移動の権利は無国籍者や難民には認められないが、社会保障の「規則」は彼らが加盟国に居住し、加盟国の法律に属する限り、彼らとその家族にも適用される。加盟国の法律に属したことのある労働者の遺族である無国籍者や難民も同様に、国籍にかかわらず適用対象と認められる。なお、「無国籍者」および「難民」の定義に関しては、前者については一九五四年ニューヨークで調印された無国籍者の地位に関する協定に、後者は一九五一年ジュネーブで調印された難民の地位に関する協定の一条に従っている（「規則」一条(d)、(e)）。

(8) その他の労働者

雇用労働者であり、「規則」一条(a)に適合する場合であっても、その労働の特殊性から特別な規定に従う労働者が存在する。次の職種である。

- 国境周辺労働者
- 季節労働者
- 船員
- 外交官および他の大使館や領事館で働く者

・ＥＣの補助的職員

他方、次の職種は社会保障「規則」の適用を受けない。

・労働者の家族でも遺族でもなく共同体以外の国民
・加盟国以外の国民である家族
・就労していない、もしくは強制保険の条件を満たさずに任意加入している者
・公務員のための特別制度によってカバーされた公務員
・被保険者でない者

一九七〇年代末、移民労働者の社会保障に関する管理委員会は自営業者への社会保障の「整合化」を検討していた。そして、被用者か自営業者にかかわりなく加盟国の社会保障制度にカバーされているすべての人に社会保障「規則」1408/71と574/72を適用させるように検討した。この主張は現在も議題に登っている。学生、年金生活者、非就業者の権利に関する三つの「指令」が一九九〇年六月二八日に発せられた。また、公務員の雇用や学生の職業訓練に関する欧州裁判所の判決も出され、「規則」の適用範囲は着実に拡張してきている。一九九一年一二月、欧州委員会は理事会に「規則」1408/68と574/72を公務員の特別制度に拡張適用し、さらに、加盟国で被保険者となっていていまだＥＣ「規則」の適用を受けていないすべての人に拡張適用するよう定めた「規則」のための提案を提出している。

3 社会保障に関する「規則」883/2004 および 987/2009

社会保障の「整合化」については、EUは約五〇年間にわたって「規則」を運用してきた。その間に、「規則」は法的整備を伴って適用が次第にスムーズになってきた経緯がある。その経験に基づいて、「整合化」をより有効に、単純化し、該当者の個人的権利を改善するためにEC法を強化する措置がとられた。EC「規則」883/2004、987/2009が具体的に結実した成果である。

この「規則」では、適用法の決定に際して雇用国主義を改めて明確にした。ただし、派遣労働者の場合は派遣元の国の社会保障法を適用させることが盛り込まれた。また、二国以上で同時に就労する場合には、主体的な労働が行われる国の社会保障法が適用されることが明記されている。時代に即して、「規則」は実際に適合しやすい運用が行われてきている。

第16章　EUの社会保障政策（3）
――社会保障の「調和化」と関連政策――

1　ローマ条約における社会保障の「調和化」

ローマ条約は、社会保障の「調和化」に積極的な行動を導いていなかった。そもそも、社会保障の「調和化」は当局者が絶対的に必要な政策であると固有の価値を認めていたからではなく、政治的な妥協の産物として組み込まれたと言われている。

一九五〇年代、ローマ条約の準備作業を行っていた当時、フランス政府は条約の中に社会的「調和化」に関する規定を盛り込むよう主張していた。フランスは男女平等待遇、有給休暇、一般的な賃金水準等の労働条件において他の加盟国より高い社会的負担を企業は強いられていた。このことは自由競争を阻害するものとして、フランス政府は社会保障を含む社会的負担の「調和化」を提唱したのである。だが、他の加盟国は非現実的であると反対したため、結局はこの分野は加盟国の自治に委ねられ、「調和化」はほとんど触れられていなかった。

実際に、ローマ条約に際しては、フランス政府は社会的「調和化」に関する規定を条文に組入れようと主張した。

ところが、例えば西ドイツは社会保障の「調和化」は共同市場の目的達成のためには必要なものではないと主張した。他の四カ国もドイツとほぼ同様であった。欧州石炭鉄鋼共同体は社会保障の「調和化」なしに充分な機能を果たしているとの理由から、フランスの提案を受け入れる理由はさらに弱められた。さらに、決定的であったのは、ILOのオーリン教授が社会的負担は生産コストにそれほど大きな効果を及ぼしていないとの説を表明したことであった。こうして、ローマ条約自体は「調和化」への特別な規定は含んでいない。だが、いくつかの条項は「調和化」への根拠となりうる条項がある。すでに紹介した、一〇〇条および一一七条、そして、一一九条である。

まず、一〇〇条は共同市場の運営に直接影響する法律の接近化について述べている。社会保障制度の特定の分野を統一化することが共同市場の適切な運営に必要と思われる場合に限って、一〇〇条を根拠に共同体は行動することができる。つまり、共同市場の適切な運営に必要であるか否かを判定することがここで問題となる。

次に、一一七条は加盟国が労働条件の改善と労働者の生活水準の向上を促進する必要性について合意すると述べている。だが、こうした発展はローマ条約が提供する手続きの中から、そして、社会保障制度の「調和化」のための共同体市場の運営の中から確保されると述べるに止まり、共同体の機関にこの「調和化」のための行動をとる権限を与えていない。実際には、ほぼ死文化している。

続く一一八条は特定の社会政策の領域で加盟国の緊密な協力関係を築いていくことを、欧州委員会の義務と規定している。ところが、決定権限は加盟国政府の下に置かれたままである。

さらに、一一九条は男女間の平等について同一労働同一支払い（equal pay for equal work）について触れている。この条項は職場における男女差別の禁止を進める上で欧州委員会と欧州理事会がイニシャティブをとる際の法的根拠とされる。この規定は社会保障の領域にも関係する。男女平等賃金、機会均等を確保するために、この条項に基づいて、後述のように、五つの「指令」が制定された。

最後に、二三五条がある。共同体における労働条件や生活条件の改善や社会保障の「調和化」が共同体の目的であった。また、ローマ条約は共同体にこの目的を達成させるための必要な手段を権限づけていなかったため、この二三五条は社会保障の「調和化」に関して強力な法的根拠となっていた。単一議定書の制定後でさえ、社会保障の分野における「調和化」の手続きは一二カ国の満場一致の採決に委ねられていた。労働者の自由移動と社会保障については単一議定書によって導入されたローマ条約一〇〇条(a)の特定多数決主義の適用から除外されたためである。

ローマ条約の八条Aでは、欧州域内市場を「商品、サービス、資本がローマ条約において示された規定に従って自由に移動することを保証された国境なき空間」であると述べている。加盟国の社会保障制度の「調和化」の発展を支持する多くの議論の中で、「調和化」が共同体内の競争の歪曲を阻止するという経済的な議論が中心的な存在であった。だが、この理論を証明する明らかな資料はほとんどない。何故なら、一般にドイツやオランダ、ベルギーのように社会的に進んでいる国は経済的にも強いからである。つまり、社会保障を「調和化」させなくとも、競争は適性に行われている。

さらに、労働者はより良い社会保障制度を求めて移動するのであり、「調和化」はその労働者の自由移動を達成するために必要なものであるという見解もある。「調和化」は社会保障制度の類似性を保証するものであり、単に経済的な理由のためでなく、良い社会保障のために移動が奨励されるのである。ただし、労働者が移民に出る意思決定に際して、社会保障がいかに影響力を持つかについては疑問も残る。一般に、移民労働者は雇用機会や高い賃金を求めて移動する。高い社会保障給付は多くの場合、高い社会的負担を伴うので、結局、高負担で高保障の社会と低負担で低保障の社会のいずれかの選択でしかなかった。また、「調和化」は社会的、経済的、政治的な意味での統合を達成する唯一の手段であると主唱されていたが、加盟国は本当に完全な統合を求めていたか、疑問が残る。

すべての共同体の活動領域において、「調和化」は一九六〇年代後半、および一九七〇年代前半に不人気となった。加盟国はその国内の法律制度、社会保護制度、したがって生活様式に共同体が大規模に干渉してくることに嫌悪感を示したのであった。仮に加盟国が完全なる統合を希望したとしても、社会保障の「調和化」がそうした統合を達成するために必要であるか確かではない。逆に、社会保障の「調和化」は社会保障水準の低下をもたらすと議論された程である。これは事実ではない。「調和化」が施行されれば、社会保障水準の最も高い国は規範モデルとして位置づけられ、その水準を引き下げなければならないような事態には至らない。さらに、ある制度において「調和化」が施行された場合でも、加盟国がその後さらなる改善をできなくなる訳でもない。

2　社会保障における男女平等待遇

EUが実現した社会保障の「調和化」に関しては、男女平等待遇に関する行動が最高の成功例であったと言われる。ローマ条約の一一九条は男女間の同一労働同一支払いについて触れているが、ここで「支払い」とはなにを意味するかが問題となる。

「この条項の目的から、『支払い』とは通常の基本賃金、最低賃金、さらに、現物か現金かにかかわらず労働者が直接あるいは間接に使用者から雇用に基づいて支給される他のすべての配慮を含むものである。男女差別のない平等支払いとは、次を意味する。

a)出来高制の下で同一労働を行った場合の賃金が同じ測定に基づいて計算されること

b)時間賃率の場合、同じ職務に同じ賃金が支払われること（一一九条）」

問題になるのは、社会保障給付がここで言う「支払い」のうちに含まれるかという点である。条文を見る限りでは、労働の報酬たる賃金に対象が限定されているように理解される。この一一九条の解釈をめぐって、一九七〇年代以降に法解釈の展開が見られた。

社会保障における男女平等待遇の原則の段階的な実現に関する一九七八年一二月一九日の理事会「指令」79/7は、疾病、障害、老齢、労働災害、職業病、失業、社会扶助に対する法定社会保障制度に関して適用されるが、遺族給付や家族給付には適用されないとした。加盟国はこの平等原則に反するいかなる法律や規則、行政通達も廃止する措置を採らなければならない。そして、加盟国は差別的に扱われてきたすべての人の要求を受入れ、平等原則に沿わせるような措置を国内法に導入しなければならない。

他方、老齢年金や退職年金の支給開始年齢の決定、扶養児童のいる者への年金額の増額、養育後の雇用中断による受給権の付与、婦人のための老齢年金や障害給付の支給、扶養配偶者のための長期障害、老齢、労災、職業病等の各給付増額等については、同原則の適用から除外することで各国の国内法の既得権を犯さないことを「指令」は明記している。

職域社会保障制度における男女平等待遇原則の施行に関する一九八六年七月二四日のＥＥＣ理事会「指令」86/378は、ＥＥＣ理事会「指令」79/7が適用されなかった法定社会保障の補足的な制度や選択的な制度においても男女平等原則を適用させた。ここでは、個人の契約に基づく諸制度は対象外として、疾病、障害、老齢、労災、職業病、失業、家族給付、遺族給付や他の社会給付で職域レベルの現物、現金各給付制度に適用される。

男女平等原則に反するのは、具体的には次の各事項に見られる婚姻や家族の状況と合わせた性別の規定を指す。母性保護のために女性にのみ適用される規定は男女平等原則に抵触しないとされた。

・職域制度への適用対象を定める規定

- 職域制度への強制、もしくは選択的適用の決定に関する規定
- 受給権付与のための加入年齢、雇用最低期間、適用条件の規定
- 長期給付の受給権を保証する条件を満たさずに加入制度を終了する労働者の拠出返還に関するさまざまな規定
- 男性もしくは女性のいずれかの労働者への給付の付与、もしくは制限に関する諸条件を設定する規定
- 異なる退職年齢の設定
- 産児休暇期間中、もしくは家族の理由による休暇期間中、法律や協定に基づく使用者負担の諸制度への権利の停止
- 異なる給付水準の設定（ただし、男女間で異なる算定要素のある場合は除く。）
- 拠出制給付における異なる拠出水準の設定、異なる使用者拠出水準の設定
- 加入終了時の長期給付の受給権の保持や取得に関する異なる基準の設定

「指令」の範囲内で給付の支給が制度運営者の自由な決定に委ねられる場合、当該制度は平等待遇原則を考慮しなければならない。職域制度に関して平等待遇の原則に反するいかなる法律、強制的な労働協約、就業規則等を無効にするのに必要な措置を加盟国はとらなければならない。しかしながら、老齢年金、退職年金、もしくはその他の関連給付の年金支給開始年齢の決定については、平等待遇の原則が法定制度においてその原則が達成されるまで、または、少なくとも「指令」によってこの原則が要請されるまでは強制適用は延期される。遺族年金の改定についても、法定社会保障制度において平等待遇原則が要請されるまで延期され、算定基礎に関する規定の適用も少なくとも「指令」の批准までは延期される。

一九八六年一二月一一日の欧州理事会「指令」86/613は婚姻や家族の状況とともに性別によって就労する男女間でのあらゆる差別を撤廃するものである。ここで、「労働者」の中には自営業者、農業従事者も含まれる。加盟国はこの「指令」に必要な法律、規則、通達を遅くとも一九八九年六月三〇日までに施行させなければならない。一九八三年一月二四日、欧州委員会は欧州理事会に対して親休暇や家族休暇に関する理事会「指令」のための「提案」を提出した。

3 「調和化」に関する議論

EUの社会保障政策の「調和化」に関する成功事例は少ないが、この間、議論はいつも続けられてきた。代表的なものを紹介しよう。

(1) 自発的「調和化」

EUが直接とる行動とは別に、「調和化」に結びつく方法がある。一つは自発的な「調和化」と呼ばれるものである。EUの政策とは直接関係なく、加盟国政府はそれぞれ自ら進んで他の加盟国の社会保障の動向に着目し、接近していこうとする行動をとる傾向にある。実際に、加盟国においては、社会保障制度はほぼ同じような問題を抱えており、その対応も類似したものとなりやすい。かつて存在したような各国間の社会保障制度の大きな相違は次第に減少してきている。EUがイニシャティブをとらなくても、各国の自然な協調関係によって、時間をかけて達成できる「調和化」も少なくない。

(2) 判例による「調和化」

もう一つの方法は、欧州裁判所の役割に帰する。EUの裁判所として、欧州裁判所は社会保障の運用において一つの共通する概念を提供する。そして、多くの判例は法律の解釈に同じ立場をとり、これに基づいて加盟国が施行していくため、結果として「調和化」にかなり貢献しているものと思われる。各加盟国側にしてみれば、自国がEUの社会保障法の解釈や定義と異なる概念に基づいて制度を運営している場合、次第にEUの解釈に沿うように修正していくであろう。その意味でも、欧州裁判所は社会保障の「調和化」にとって大きな役割を担っていると言えよう。

(3)「調和化」の実施経緯

社会保障の「調和化」への第一歩は、加盟国における現行制度に関する情報収集であった。一九五八年からEECは情報収集のためのネットワークを作った。その成果は社会保障の国際比較表として公刊されてきている。一九六〇年代にこの作業が進み、単なる情報収集から社会保障制度に関する理念や知識の交換に役立ったと言われる。最初に「調和化」に関して成果を収めたのは、一九六二年の「欧州職域災害表」を作成するための勧告であった。労災がターゲットにあがったのは、移民労働者の場合に最も緊急性があり、各国の制度に大きな相違がないことから、「調和化」が最も実現しやすいと考えられたからである。さらに、財政的にも労災は小規模で済むためであった。この社会保障の国際比較表はすべての加盟国に共通するもので、定期的に改定されるはずのものであった。ただし、その性格は単なる勧告であり、強制的な効果を持つものではなかった。したがって、「欧州労働災害表」に掲載されない災害であっても、職業に起因すると認められた災害に際しては労働者は補償を受けることはできる。同表に載っている災害であれば、それだけで職業に起因するものとして自動的に労災の適用が認められた。

一九六六年には、労災年金の支給の際の適用条件における加盟国間の相違を廃止することを目的とした勧告が出された。だが、この勧告はすべての加盟国で採択されなかった。オランダは同じ年に労災保険制度を廃止した。年金や失業保険、さらに、家族給付についても「調和化」への試みが展開されたが、加盟国間の大きな相違からすべて成立に到らなかった。これ以後、委員会の社会保障の「調和化」への行動は急激に鎮静化した。

共同体内で統一的な社会保障制度を導入することは不可能であり、また必要でもなく、望ましいものでもないと主張されてきた。つまり、加盟国間の社会保障制度の大きな相違により「調和化」は不可能であり、移民労働者にはすでに「整合化」の手法が創設され機能しているため、「調和化」は必要ないと考えられ、「調和化」はますます不人気となった。

一九七二年にパリ・サミットが開かれ、社会問題により重点を置いた「人間の顔」をした共同体の政策が提唱された。翌年にはサミットで採択された政策に従って「社会行動計画のためのガイドライン」が公表された。そこで主張されているのは、社会保護の最低基準を設定することであった。ここで取り上げられたのは、これまでのような統一制度を目指す「調和化」ではなく、共同体全体で今後の社会保障の展開に関して統一した発展を遂げるように誘導していくものに代わっていった。こうして、一九七〇年代になって委員会は「調和化」への新しい提案を行った。

欧州委員会がまず着手したのは社会保障の適用範囲の拡張に関する勧告であったが、未だに採択の見通しはついていない。それまで適用対象が限られていたので、自営業者や家内労働者や臨時労働者等を含めて全労働者に適用されるように提案された。また、適用制度の範囲の拡張も提案された。

社会保障の「調和化」について、よく問題にされるのは自由競争との関係である。つまり、「調和化」を進めることは市場の競争の歪曲を是正するという見解である。ところが、このことは完全には支持されていない。労働者の自由移動が保障されれば、労働者はよりよい社会保障を求めて移動するため、「調和化」は加盟国間の社会保障の統一化に向かっていくであろうと考えられる。だが、実際には、労働者は単に社会保障を求めて移動する訳ではなく、それよりも、とりあえずは雇用機会や労働条件等がより重要な要因になる。さらに、よりよい社会保障はより高い拠出や税金と一体の関係にある。負担が少なくて受益が大きいような社会は空想である。

もう一つ、社会保障の「調和化」は、域内の社会保障の水準を下げるのか、高めるのかという点がしばしば議論される。社会保障の水準の高い北ヨーロッパ諸国と低い南ヨーロッパ諸国とを「調和化」させれば、北ヨーロッパの国々は社会保障の水準を引き下げることを意味するのではないかと懸念が表明された。だが、基本的にはローマ条約の発想に従えば、高い水準を規範として域内に普及させることが目的となる。「調和化」が特定の国に水準を下げるように機能することは想定されていない。仮に、特定の水準が最低基準として設定されたとしても、各国はそれ以上の水準を目指して社会保障を改善していくことはEUの目的と矛盾しない。

以上から「調和化」については消極的な評価に帰結せざるをえないが、議論としては新たな「調和化」の提案が繰り返し表明されている。例えば、域内全体の失業者に適用されるEUの失業保険制度の創設のようにEU自体が独自の制度を持つことも期待されている。また、EUが各国の社会保障の最低基準を設定していくことも可能な「調和化」の政策と言える。

4　社会保障の「収斂化」

(1)「収斂化」政策の展開

「収斂化」は、いわば「調和化」の一形態と言えよう。これまで、「収斂化」は統合理論からではなく、自然な運動として、世界的なレベルでの接近を表現してきた。EUにあっては、これに準じて「自発的調和化」として「収斂化」を理解してきた。ただ、ここで取り上げる「収斂化」は各国政府が行うことであってもEUがそれを背後から政策的に支援するところが注目されなければならない。

「収斂化」説は、社会保障の統合の最も弱いシナリオであった。一九八六年、欧州委員会は欧州理事会に対して「社会保障の諸問題：共通する利害の領域」と題する通知（Communication）を提出した。そこでは、一二の加盟国への共通する利害の問題点を明らかにしていた。つまり、財政問題、人口高齢化問題、貧困の問題であった。

まず、財政問題については、長引く失業問題や人口の高齢化等から社会保護への公共支出は増える一途にある。人口問題については、一九六〇年代半ば以降、加盟国の出生率は低下しており、労働人口も減少傾向にある。その結果、社会的な負担は重くなる一方である。最後に、新たな貧困の問題であるが、既存の社会保障や社会扶助はすべての国民をカバーしていない。若年失業者をはじめ特定者をその適用から除外している。さらに、支給期間や支給水準を制限している。特に、長期失業者は社会的制度の適用から除外されることが多い。新しい貧困は家族の生活実態の不安定からももたらされる。離婚の増加はその良い例である。

こうした社会保障の諸問題の分析に基づき、EC委員会は一連の行動計画を提案し、一九九〇年代にむけて社会保護の目的について共同体レベルで議論する必要性を指摘した。そこでの目的は、加盟国が域内市場の完成に向けて他の加盟国に対抗する競争力の強化のために社会的対策を導入する危険性を未然に防ぐこと、つまり、「社会的ダンピング」を回避することにあった。さらに、長期的に「収斂化」を追求していくことは、共同体内の各国の社会保護の連携に対する反発を弱めていくことになろう。

一九八九年九月二九日の社会問題理事会において、社会保護の目的および欧州の政策の「収斂化」の原則についての合意が形成された。一九八九年一二月八日九日にストラスブルクでの欧州理事会によって採択された「労働者の基本的社会権の共同体憲章」に関するＥＣ委員会の行動計画は、このテーマについての共同体「勧告」を準備していた。

「労働者の基本的社会権の共同体憲章」の施行に関する行動計画をＥＣ委員会は「通知」として公表しているが、その中の冒頭部分で、歴史、伝統、社会的文化的特徴を反映して各加盟国は異なる性格の社会制度を有しており、社会保護制度を「調和化」することは困難である。社会保護の制度の相違がいかに、そして、どのような条件下で労働者の自由移動を阻害しないか、加盟国政府によって追求されている目的の「収斂化」を達成するための戦略について検討する価値はある。欧州委員会はこのことを「社会保護に関する勧告：目的の収斂」という方法によって提案した。

基本的目的の定義づけは加盟国に共通するものであり、それぞれの目的への特定の基準によって「収斂」をもたらすであろう。このことは、法律上の規定が「調和化」戦略のように同一でなければならないということではなく、これらの目的を施行している国内法規の効果が「収斂」すべきであるということを意味する。

こうしたアプローチは必ずしも法制の変更を意味せず、例えば、特定の問題解決への適切な判断基準となるであろう。「収斂」が社会的発展に向かって進行し、基準が最も高い加盟国における劣悪化が回避されるべきであるので、採用された戦略的目的が共同体レベルで定期的に評価されることも大変重要である。

「収斂」は弾力的でなければならない。各加盟国は国内の制度に適用させる際に自由を保障されなければならない。欧州委員会はこの収斂を、調査、分析、セミナー、評価によって支援し、奨励していかなければならない。それ以上の支援手段としては、共同体レベルでＩＬＯや欧州理事会の既存の条約において特定要素から成り立っている原則や目的を定義づけることが考えられる。このようなアプローチは超国家的な社会保障法の起源を示している。

労働者や自営業者のために達成された共同体内の社会保障の「整合化」は、公務員、学生、年金生活者、その他の非就業者、さらに、第三諸国からの移民労働者の適用除外にあった階層にも適用を広げるべきである。さらに、「規則」1408/71と574/72は、やはり、適用制度を、例えば、職域給付のようなこれまで適用されていなかった制度にまで拡張すべきである。

（2）社会保護の目的と政策の「収斂」に関する理事会「勧告」

一九九二年七月二七日の社会保護の目的と政策の「収斂」に関する理事会「勧告」が出された。加盟国は社会保護の領域においてほぼ共通する問題を抱えている。人口高齢化、家族構成の変化、高い失業率、貧困の邁進等である。それらに対応する各国の社会保障制度には極めて大きな相違が存在する。しかしながら、大局的に見ると各国の制度は接近化してきている。つまり、実際上の「収斂化」が進行しているのである。こうした「収斂」はＥＣがイニシャティブをとって共通する目的や政策を掲げることでさらなる「収斂化」の前進が期待できる。このことが、一九八九年九月二九日の会議で理事会によって提案された。

「『収斂化』戦略の目的は異なる国内制度の共存を可能にし、共同体の基本的な目的を目指してお互いに調和をもって発展していけるように、加盟国の政策を導く共通する目的を設定することにある」。そして、特定の共通する目的は各国の社会保護が修正されていく上での指針となるものであると述べている。また、現在進行している統一市場の形成に合わせて「収斂化」政策は継続的に社会保護の発展に寄与しなければならないとも述べている。

「勧告」は、加盟国が従うべき原則を掲げて、各制度別の目的を明示している。加盟国はこれらの原則に従いつつ、定められた各制度の目的を達成するために自国の社会保護制度を適用させ、発展させていかなければならないと勧告している。目的の内容を見ると極めて一般的で、基礎的なものである。疾病、出産、失業、労働不能、老齢、家族の六つの制度について簡潔に触れているだけである。

問題は目的の実行であるが、この「勧告」で目的達成のためにEC委員会に求めている行動は、一つが達成状況に関する各国の報告書の定期的な作成であり、もう一つは審議会の定期的な開催である。収斂化とは元来、任意的な動きであり、これをEUが着実に進めていくことは実際には困難であろう。

5　医療保障政策の展開

(1)「欧州健康保険カード」の導入

ＥＵの移民労働者の社会保障管理委員会は、「欧州健康保険カード」の導入に関する欧州委員会の「通知」を受け、二〇〇三年六月一八日にＥＵ域内での欧州健康保険カードを導入するための三つの「決定」を下した。まず、居住国、あるいは、所属する社会保障の制度の管轄とする国以外の加盟国に滞在中の医療サービスへのアクセスに関するＥＥＣ「規則」1408/71及び「規則」574/72の適用に必要な形式を変更する「欧州健康保険カード」の導入に関する二〇〇三年六月一八日の「決定」一八九号である。さらに、「欧州健康保険カード」の技術的設計に関する二〇〇三年六月一八日の「決定」一九〇号がある。そして、かつてのE111の手続きに代わる「欧州健康保険カード」に関する二〇〇三年六月一八日の「決定」一九一号である。

移民の社会保障管理委員会の「決定」により、加盟国政府は「欧州健康保険カード」を発行することができる。申請者は居住地域の役所から無料で取得できるほか、インターネットのウェブサイトから有料で入手できる。「欧州健康保険カード」は、すべての加盟国内の医療従事者、健康保険機関によって認定される。カードは単一様式で技術的に特定化されている。カードはチップやマグネットストライプを含むことができる。また、表と裏の特定スペースに発効国や地域の独自スペースも組み入れる。

各加盟国は「欧州健康保険カード」をその領土内で発行し、配布する権限を有する。また、有効期限も発行する機関が設定できる。このカードの創設によって、域内加盟国間の医療関係情報の現代化に大きく貢献し、医療における国際連携が簡略化され、向上に寄与したと言える。とりわけ、医療費償還方法は画期的にスピードアップされたと指摘されている。

「欧州健康保険カード」は、これまで行われてきたEUの社会保障制度の「整合化」に関する「規則」を継承するものであり、その政策の延長線上にある。これまでの緊急時の医療保障の際に利用されてきたE111カードは、新たな「欧州健康保険カード」に代替されていくことになった。

このカードを所持することで、他の加盟国滞在中に一般個人医院、薬局、病院、医療センター等、公的医療サービスにすべて自国と同様にアクセスが可能となる。「欧州健康保険カード」は利用者の便益を格段に向上させたが、まだ残された問題もある。他の加盟国に行く前から発症していた疾病の治療の目的のために他の加盟国に行く場合は、適用から除外される。その場合は、国内での治療を優先しなければならない。あくまでも、偶然に他の加盟国滞在中に疾病に陥った場合に適用の対象となる。

医療サービスの運営は、国によってかなり異なる。「欧州健康保険カード」が適用されるのは、飽くまでも各国政府が行う医療サービスである。民間セクターの医療サービスには適用されない。つまり、これまでの「整合化」の対象をそのまま引き継ぐものである。さらに、近年、医療保障制度の財政難から特定国では民間施設が次第に拡大しつつある傾向にある。

「欧州健康保険カード」は他の加盟国に滞在中に予期せぬ疾病に陥った場合に、有効な制度である。しかし、他方でかつてのE112カードの場合のような計画医療には有効ではない。所属する国の医療体制では治療が困難である場合や特定の治療が国内で不可能な場合、他の加盟国に治療に行くことが「計画医療」である。「欧州健康保険カード」は計画医療には有効ではない。計画医療については、これまで通りの手続きを取る必要がある。計画医療については、事前に所属する医療保障機関に適用の承認を得ておく必要がある。場合によっては、計画医療の申請を医療施設は拒否したり、一部制限することもできる。基本的には当該国の国内法に従うことになる。各国の医療保険の保証内容は異なる。特定の治療や薬剤を保険の対象に含めるのか、含めないか、償還率も国によって異なる。当然ながら、他の加盟国で受けた医療サービスに関しても所属する健康保険制度の法律に従って運用される。

(2)　越境患者の権利

国境を越えて別の加盟国で患者が当地の医療サービスを受ける際の権利について、二〇一一年三月九日の「指令」が新たな規定を示した。

適用対象

この「指令」は長期医療サービスには適用しない（一条）。長期に渡る医療は、本来所属する本国で提供されることが基本原則である。飽くまで短期で他の加盟国における医療サービスを提供される場合に適用されるものである。

政府の責任

加盟国政府は越境医療のための国内コンタクト拠点を創設しなければならない（五条）。これらの拠点は、患者連盟、医療供給組織、医療保険者と相談・協議を行う。国内コンタクト拠点は、患者に越境医療を受ける際の権利に関する情報を提供し、他の加盟国の国内コンタクト拠点の詳細を情報提供する責任を負う。

医療サービスを提供する国の政府は、自国民と同様に外国人にも医療サービスの質と安全を保障する責任がある（八条）。外国市民が対象であっても、医療サービスの内容に関しては当該国が国内ルールに従って提供する。当然ながら、個人情報保護を保障する。越境患者の出身国政府は、当該越境患者に提供された他の加盟国内での医療サービスの費用を償還する義務を負う。

償還方法

管轄する国の社会保障機関は、当該越境患者が当該医療サービスの保障範囲内であることを前提に、費用の償還に応じなければならない（七条）。償還割合は、当該医療サービスが国内で行われた場合と同じ方法で算出される。実際に要した費用を超えて償還することは認められない。管轄する国の政府は、宿泊や交通費等の関係費用をも償還することも可能である。

越境医療においては、所属国の医療保障制度の財政を害する可能性もあり、これを回避する対策も講じられている。特定の越境医療について、所属する医療保障を管轄する政府は越境医療を提供する近隣国の権限を施行することができる。越境医療の適用が特定時間内で必要であることが医学的に証明されなければ、患者は越境医療の権利が認められない。逆に、管轄する出身国は越境医療の償還を拒否する場合もあり、その条件を「規則」が規定している。

医療協力

加盟国は社会保障「規則」に従って、加盟国相互に協力・支援をする。情報提供と共有、医療サービスの質と安全に関するガイドラインや基準について協力する。特に、各国のコンタクトポイント間で請求書の内容を明確にして、監督と相互援助に関して協力が求められる。

欧州委員会は、欧州医療照会ネットワークの創設を支援していく（一二条）。このネットワークは、有効な医療資源と専門家の集約と参画を通じて、医療専門家の移動と高度専門医療へのアクセスを促進するものである。他の加盟国で発行された医療処方箋の有効性を当該国内でも認知し、共有するものである（一一条）。

難病治療

加盟国は診断、処置方法の開発を通じて、難病・奇病治療への国際的協力を促進するものである（一三条）。この趣旨に基づいて、ＥＵ加盟国全体を通じて前述の欧州医療照会ネットワークやOrphanetと呼ばれる欧州レベルのデータベースにおける協力が求められている。もし、難病・奇病で所属する加盟国内には存在しないような治療を他の加盟国内で受ける場合は、こうした情報が決定的に重要になる。どの国のどの医療施設でどういう治療が受けられるか、この情報に基づいて計画医療が行われることになる。

E-health

E-health制度は欧州レベルでの健康サービスの適切な経済的、社会的給付を普及させ、高い水準の信用と安全を達成することを目的とする（一四条）。越境医療サービスを可能にする重要な制度である。「規則」によって加盟国政府はE-healthのための窓口機関を創設し、ネットワークを構築し、高度医療サービスへのアクセスの継続性を改善させている。最後に、ＥＵは医療技術の評価のための責任を担う機関をもネットワーク化し、加盟国間での協力体制を促進させている。

医療技術評価協力

各加盟国において構成される医療科学技術の評価に関するＥＵ域内でのネットワーク化をＥＵは支援する（一五条）。こうしたネットワークは、透明性、客観性、専門家の独立性、手続きの公正、利害関係者との適切な相談等に関して最良のガバナンスの原則に基づいて運用されなければならない。医療技術評価の協力は、越境医療サービスに関しても有効となる。加盟国間で共通認識が欠けていると、他の国出身者への医療サービスにも支障をきたすことになろう。

（3）医療供給体制の連携

医療供給体制の連携についても協力関係の構築が盛り込まれていた。加盟各国の医療供給体制そのものも、連携を次第に強めている。医療保障の連携と関連する要素の一つとして、職業資格の統合化の動きがある。医療従事者の資格は伝統的な国家資格であり、国ごとに完結していて交流は乏しかった。しかし、近年、医療分野もグローバル化の波が押し寄せている。

二〇〇〇年のリスボン会議以降のＥＵは教育・職業資格の統合を重視して積極的な取り組みを展開してきた。域内の労働力の自由移動を活性化するために、職業資格の相互認定等は重要な条件となる。医師や看護師等の医療従事者も例外ではない。

実際に、ＥＵ全体を通じて医療関係従事者の国際的な移動はかなり頻繁である。場合によっては、イギリスのように国内の関係職種の供給不足のため政府が他国と協定を結んで受け入れを展開している場合もある。特に、旧東欧諸国から西ヨーロッパ諸国に向けてかなり多くの医師や看護師が流出している。

こうした医療従事者の国際移動は医療供給体制側の国際的な連携を容易にする可能性を高めている。医療サービスの供給体制は国によって厳格に独自の方法で維持されてきた。伝統的な職業集団であった。ところが、医療体制にも国際化対応が迫られている。医療サービスの内容も、薬剤の認定、医療行為の内容、スタッフとして医療従事者の編成等、医療体制のすべてが医療保障の国際化と並行して進展している。

6　職業資格認定の統合化政策

職業資格や養成方法等に関しては、各国とも独自の長い歴史があり、国際化への対応も常に困難を伴ってきた。職業資格の相互認定は、労働者の国際移動にとっては重要な前提条件となる。この領域での成功が、域内での技能職種労働者の移動を活発化させるものとなる。欧州では、医療従事者（医師、看護師等）や福祉関係従事者の国境を越えた移動も活発である。ＥＵが辿ってきた経緯を整理したい。

（1）欧州熟練と移動活動計画

二〇〇〇年のリスボン会議における新たな雇用政策を受けて、労働者の自由移動をさらに推し進める対策が講じられた。二〇〇二年二月一三日の欧州委員会から欧州理事会および欧州議会等に対して、「熟練と移動のための行動計画」を盛り込んだ「通知」が提示された。欧州レベルでの労働者の移動を活発化するために次の三つの基本政策を二〇〇五年までにとることを明記した。

①職業的な移動と熟練開発を拡大させること
②雇用機会に関する情報提供と透明性を改善すること
③地理的な移動を容易にさせること

それぞれの政策に関して、具体的に多様な対策が講じられた。まず、①の「職業的な移動と熟練開発の拡大」に関しては、すべての人が教育や職業訓練にアクセスできるように組織改革を提案している。より高等な教育、生涯学習、職業訓練を進めることが、労働者の移動を背後から後押しすると理解している。

②の「雇用機会に関する情報提供と透明性を改善する」施策としては、各種職業に関して、欧州域内のインターネットサイトを立ち上げることが提案された。統一的なオンライン求人システムの開発とEU内で統一的な職業分類の開発が掲げられた。

③の「地理的な移動を容易にさせる」政策としては、「欧州健康保険証」の創設、合算が認められる補足年金権の設定、職業資格認定の明確化と単純化、地域間移動の税制改革、外国語教育の徹底、労働協約における職業資格に関する地域限定や国籍制限の廃止等が挙げられていた。

以後、この行動計画に沿って、さらに具体的な対策が講じられていった。さらに、新ソーシャルアジェンダと関連して、二〇〇六年は「欧州労働移動年」として、当該政策の大々的な普及宣伝活動が展開された。そして、新たに「欧州職業移動行動計画二〇〇七―二〇一〇」が策定された。

（2）欧州労働移動ネットワーク（EURES）

二〇〇二年一二月二三日の欧州委員会「決定」により、EU域内における国家間、地域間の求人募集、求職活動を通して、職業資格の取得や生活環境に関する情報交換を可能にし、すべての欧州市民が欧州労働市場にアクセスできるようにするために「欧州労働移動ネットワーク」が構築された。

このEURESプログラムは以前から導入されていたものであるが、実際には十分機能してこなかった。今回の「決定」では、施行対象を加盟二七カ国に、ノルウェー、アイスランド、リヒテンシュタインにスイスも加えて拡大された。さらに、このネットワークの運営をより地方分権的な構造にし、国や地域の雇用サービス関連組織の他に、労使団体や各種専門機関も取り込んで組織拡大した。そして、広くなったネットワークを「欧州ＨＥＵＲＥＳ事務所」が統合し、調整することになった。

雇用職業情報の統合、就職サービスの統合を目指して、二〇〇三年に「ＥＵＲＥＳ憲章」が作成された。統一的なフォーマットをすべての加盟国の関連機関に周知徹底させるためであった。

（3）移民支援サービス（ＥＵＲＯＰＡＳＳ）

二〇〇四年一二月一五日の欧州理事会および欧州議会の職業資格と職業能力の透明性のための単一枠組み（ＥＵＲＯＰＡＳＳ）に関する「決定」2241/2004号が採択された。これにより、特定の加盟国で取得した職業資格が、相応する欧州レベルで共通の資格として認識されることになり、他の加盟国での就業を後押しすることができるようになった。

こうして誕生したのがＥＵＲＯＰＡＳＳであり、すべての欧州市民が自分の技能・熟練や職業資格を欧州いずれの国においても明らかにできる統一的な証明書の役割を担ったのである。ＥＵＲＯＰＡＳＳとは、具体的に次の五つの資料を含むものである。履歴書、異動歴、高等学位、職業歴証明、言語証明である。ＥＵＲＯＰＡＳＳはＥＵがインターネットポータルを利用して支援している。

二〇〇五年九月七日の「指令」によって、欧州労働市場をより弾力的にするために各国の職業資格の認定制度を導入した。まず、一般的な制度として、職歴を五つの段階に分類して、各国の職業訓練・教育がどのレベルに相当するか認識できるようにした。また、特定の職業資格に関しては相互に自動認定制度が構築された。ここで、自動的に職業資格が認定されるのは、医師、看護師、歯科医、獣医、助産婦、薬剤師、建築士、弁護士等であった。

さらに、この移民支援サービスをより有効にするために、各国政府がＥＵＲＯＰＡＳＳセンターを国内に設置し、ＥＵＲＯＰＡＳＳの普及、徹底を目指して事務体制の責任を負っている。また、ＥＵの欧州雇用ネットワーク（ＨＥＵＲＥＳ）をはじめ、欧州評議会やＵＮＥＳＣＯが実施している大学間移動や単位認定の情報センターや各国関連機関との連携を強化し、業務の統合化を進めている。二〇〇八年から四年ごとにＥＵＲＯＰＡＳＳの評価報告書が作成されることになった。

（4）欧州資格フレームワーク（ＥＱＦ）

これまで各国の職業資格を整合化させようとＥＵは努力してきた。さらに、次のステップとして、欧州レベルで統一的な職業資格を構築しようという方向に至った。欧州職業資格フレームワーク（ＥＱＦ）は、教育と職業訓練の領域において、加盟国間で異なる基準に対して共通する枠組みを提供しようとするものである。これによって、各国で取得した資格をＥＵ域内で共有化し、欧州労働市場での就労を促進させようとするものである。

こうして、二〇〇八年四月二三日の「勧告」に従って欧州資格フレームワーク（ＥＱＦ）が構築された。高等教育および職業資格に関して、各国の資格を欧州レベルで相互認定される枠組みが成立した。つまり、各国の職業資格が欧州資格フレームワークのどれに該当するか、対応表によって明確に示されることになった。このＥＱＦは高等教育から職業教育まで広くカバーしている。ＥＱＦは養成にかかった期間や方法でなく、現在の技術、知識、能力等の程度によって資格が位置づけられている。

これによって、就業機会を模索する特に若い人にとっては移住を決断しやすくなることが期待される。二〇一〇年までにすべてのＥＵ加盟国で、各国の職業資格とＥＱＦの対応が完成される予定であった。

第17章 EU社会保障政策の総括と課題

1 総括

ソーシャルアジェンダを通して言えることは、経済政策と社会政策の一体化である。全体としては、社会政策がかなり控えめに扱われている。逆に、社会政策が経済政策の一環に組み込まれている。経済政策の成功が社会政策の条件であり、社会政策も経済政策に貢献する性格を持つものでなければならないとの理解である。

EECは、創設以来、経済的な目的を持つ組織として活動してきた。一九七〇年代になってようやく「社会的側面」の重要性が強調され、新しい社会政策が展開されてきた。今回のアジェンダは改めてEUの本質を示したようにも思える。

社会保障に関する限り、両アジェンダによって特別にEU社会保障政策が前進したとは思われない。「現代化」政策は、すでにかなり前から登場していた。一九九〇年代初頭のマーストリヒト条約の準備段階で、政策の行き詰まりの中「社会保障の自発的収斂化」の概念とともに、社会保障の「現代化」が主張された。各国の大きな社会保障の相違を前にして、「現代化」を叫ぶことが、各国制度の歩み寄りを意味していたのである。

新規加盟した国々には、まだ、社会保障制度が十分機能していない国も含まれている。長い社会主義政権の後遺症で現代的な社会保障を構築していない国もある。各国が現代的な社会保障制度を導入することは、自発的な「調和化」につながる。しかし、この政策は各国政府の自発的な行動を前提としており、早期の政策効果は期待できない。

二つのソーシャルアジェンダで強調されているのは、欧州社会モデルを刷新したことである。つまり、欧州社会モデルの下で、「すべてのＥＵ加盟国の社会制度が経済的効率と社会的進歩の間の一貫性を刻んだ」ものであり、今後の政策の基本となる考えであろう。しかし、この考えは特別なものではなく、むしろ当然のことである。

欧州委員会のハイレベル委員会の報告書では、「グローバリゼーションが欧州社会モデルに圧力をかけており、グローバリゼーションへの適応が必要となっている」と述べている。そして、グローバリゼーションが新しい形の国際経済や公正な貿易ルール、そして、広い雇用政策や社会政策を要請しているとしている。

新しい欧州社会モデルとは、一見してアメリカの福祉国家モデルに接近しているように思われる。伝統ある欧州福祉国家が、より市場経済に密着した自由主義モデルに歩み寄っている。欧州でも進行する社会保障の民営化もその典型的な事例である。

(1)「整合化」の整備

ＥＵの社会保障政策は、域内の労働者の自由移動を阻害しないように社会保障の対応をすることが最大の目的であった。その意味では、社会保障の「整合化」が、主要な活動の場となっていった。すでに紹介したとおり、時間をかけて「整合化」は次第に改善を続けてきた。その成果は、高く評価されよう。

現在では、国境を越えて労働に出たとしても、「整合化」の規定に従えば、社会保障の適用上の問題はほとんど生じないであろう。一部で生じうるほぼ例外的な事案には、個別に対応すれば十分となろう。この時点で、当該国の国内の裁判所とは別に、EUの独立した欧州裁判所に訴えることができ、解決への方向を見出すことができる。

経済統合への一つの重要な要素である労働者の自由移動を阻害しないという、いわば消極的な使命であったEUの社会保障政策であったが、その二〇〇〇年以降のより積極的な行動を見ると、EU全体での社会保障政策の展開が、今度はEU経済統合への刺激となっている意味合いを感じさせる。つまり、EU社会保障保障政策があるから、より積極的に国外で就労しようという前向きなインセンティブを与えている。

(2)すべての人のための政策

歴史的に遡れば、EUは当初は政策対象が絞られていた。創設当時は、「労働者」の自由移動を保障するのが基本であった。この「労働者」とは、民間企業被用者を意味していたが、次第に公務員や自営業者も含む広い概念となり、さらに、「労働者」に限らず「人」の自由移動が叫ばれるようになった。それでも、基本的には国境を越えて活動する人が暗黙のうち対象化されてきた。

新ソーシャルアジェンダが「すべての人」と強調するのは、こうした動きに、機会均等、差別禁止の流れが加わったことによると思われる。機会均等や差別禁止も当初は、男女間での運動が中心であった。現段階では、さらに、障害者や貧困者等の社会的弱者まで広く包括的に扱った概念を用いている。この趣旨に関しては、批判のしようがないであろう。

特に、新ソーシャルアジェンダで強調されているのは世代間の平等であった。より具体的には、若年者の支援である。年金において若年者が過大な負担で不平等になりやすい。また、雇用においても若年者は解雇されやすく保障が手薄い。次世代を担う若者が非常に差別的に扱われているのが現代の福祉社会となっている。結果的に、この間、ＥＵは社会保障政策に関しても対象を拡大し続けてきて、最終的に「すべての人」に至った。

他方、ＥＵでは二〇〇〇年のリスボン会議以後、積極的な労働政策が展開されてきた。労働市場一般において欧州労働市場の強化が進められている。特に、これまでの大きな障害であった伝統的な職業資格や教育制度にまで踏み込んで「整合化」からさらに統一化まで含めた措置である。このことは、医療・福祉領域においても顕著な効果が確認できる。社会保障の利用者としてのみでなく、サービス提供者としての外国人の存在が重視される段階に至っている。

（3）貧困と社会的包摂

貧困は、欧州でも最も重大な社会的リスクの一つになりつつある。特に、新規加盟国の中には、国内に貧困問題が深刻な国々もある。また、他の加盟国でも国内に貧困問題が蔓延しつつある。

ＥＵレベルでの最低所得保障制度の導入が、これまでも主張され検討されてきたが、実現に程遠かった。ＥＵが最低賃金を保障されていて、生活保護など必要としない「労働者」を政策ターゲットにしてきたことも、公的扶助を政策対象から除外してきた理由の一つであったと思われる。今回、ソーシャルアジェンダで貧困対策が強調されたことは、評価すべきであろう。

他方、ソーシャルアジェンダで「社会的包摂」が強調されているが、雇用への包摂一辺倒である。労働能力のない障害者や社会的弱者は、政策の対象にほとんど含まれないことになる。また、ソーシャルアジェンダでは、ＥＵが既存の貧困対策が何故十分機能しないか協議するとしている。つまり、ＥＵは相談者であり、調整役であるが、決して貧困問題に対して直接の活動家にはならないのである。貧困対策は、依然として各国の自治下にある。

2 課　題

全体として、ＥＵの社会保障政策を高く評価できるが、他方で課題も残されている。今後も議論を要する点について、ここで指摘しておきたい。

第一に、社会保障領域に限ったことではないが、加盟国の拡大とともに、加盟国間の合意形成が困難になってきているのではないか。新たな加盟国や将来加盟を希望する候補国は、一般に進んだ福祉国家ではない国々が多い。社会保障領域においてＥＵの各種法律に従うことが、必ずしも容易ではない場面が想定できる。加盟国の拡大とともに、ＥＵの社会保障政策の展開は停滞するのではないかと懸念される。

第二に、第一の課題とも関係するが、意思決定の方法に関して、特定多数決方法も認められているが、多くの重要案件は満場一致に従うため、実質的に新たな重大な案件は成立しにくくなっているものと思われる。このやり方では、将来においても画期的な政策が可能となる法律の成立が期待しにくいと言わざるを得ない。満場一致ということは、これまでもそうであったが、一国が反対すると成立しないことになる。特定多数決であっても、加盟国数の増加は成立をより困難にする。したがって、新たな政策展開への期待が縮小しないか懸念される。

第三に、政策対象であるが、貧困問題への関与が弱いことである。元来、ＥＵの社会保障政策は、実際にはほぼ社会保険政策であった。つまり、労働者が適用を受ける社会保険が政策の対象となっており、貧困者やホームレス等は、当初から想定から除外されていた。貧困者の国境を越えた移動は、どの国も歓迎しない。労働の能力と意思を持つ人の国境を越えた移動が主眼となっていた。当然の帰結でもあるが、ＥＵ社会保障政策において具体的な実効力のある貧困対策や公的扶助領域の対応は不在であった。

第四に、ＥＵの社会保障政策においては、「調和化」には新たな方向が見いだせない。「整合化」だけが新たな政策展開の場となっている。欧州評議会のように部分合意を前提としていないＥＵにあっては、「調和化」は将来的にも、実現がさらに困難になるものと予想される。もちろん、ＥＵはもはや「調和化」は目指さない。「整合化」こそ活動の場であるという考え方もある。

評価と展望

第18章 社会保障の国際関係論をめざして

1 EUと欧州評議会の協調関係

EUと欧州評議会は、欧州の統一という共通目標を持つ組織である。しかし、その方法は本書でも示したとおり明白に異なる。一般に、法的拘束力の強いEUの社会保障政策がより高い関心を集めているように思われる。しかし、欧州評議会の社会保障政策はEUの社会保障政策にとっても非常に有意義であると思われる。また、この二つの組織の相互関係も極めて重要であると考える。

第一に、欧州評議会は常にEUの政策に先行してきた。EU側からすれば、欧州評議会が開いてきた道を活かすことができた。つまり、すでに欧州評議会が地ならしした道を後から従ってきたのがEUであった。もちろん異なる部分もあるが、共通する政策も多い。このことはEUにとっての大きなアドバンテージであったと言えよう。

第二に、EUの社会保障政策は「整合化」を中心にし、EUの法律に基づき直接全加盟国を拘束し、法的効果が強いものではあるが、基本的に全会一致の意思決定に従うため、成立が非常に難しくならざるを得ない。一カ国でも反対すれば成立しないのである。これに対して、賛同国の批准を前提にする欧州評議会の社会保障政策は、効果は限定的ながら法律は成立しやすい。さらに、時間をかけてゆっくりと批准国を増やしていくことができる。

欧州評議会の社会保障暫定協定に見られるように、参画できる国から徐々に進めていこうとする非常に柔軟な手法が、欧州評議会の特徴である。つまり、ＥＵではできない範疇の政策が欧州評議会で可能になる側面がある。

第三に、ＥＵは加盟国が比較的少なく、欧州評議会は多い。地理的な役割分業ができている。少数のＥＵ加盟国は拘束力の強い社会保障法に従い、より多数の国は緩やかな欧州評議会の法律が関係する構図が出来上がっている。

加盟国にしても、欧州評議会の加盟国が常に先行して多く、欧州評議会の加盟国が後にＥＵに加盟していく場合が多かったわけであるが、欧州評議会での社会保障政策に参画していた経験はＥＵの加盟国になってからそれほど違和感なくフォローできたと推測される。

欧州全体で見れば、社会保障に関して、ＥＵによって比較的少数の加盟国が統一的で強力な連携を築き、加えて欧州評議会が緩やかな協調関係で補完していく形で、欧州全体の社会保障の連携が構築されていると言えよう。

両機関の活動を通じて、欧州全体での社会保障が著しく発展したと言えよう。強調したいのは、加盟国間の平均的な水準での統合ではなく、高い水準での全加盟国間での統合が進められたことである。等しく欧州にあっても、各国の社会保障の水準はかなり異なっている。北ヨーロッパと南ヨーロッパでの差は大きいし、西ヨーロッパと旧社会主義下であった東ヨーロッパとの間の差は著しい。平均的な水準に統合するとすれば、多くの先進福祉国家にとっては後退を意味する。最も高い水準に統合していくことで、すべての加盟国が賛同できたと言えよう。

自由度の高い欧州評議会の政策においても、最恵国待遇が採用されてきた。つまり、二国間や複数国間の協定においては、最も良い条件の協定内容を他のすべての加盟国間の協定においても共有しようとするものであった。実際に、このような形で社会保障の国際協定は広まっていった。

こうした国際的な連携が進化していくにつれ、加盟各国はより他の加盟国との社会保障から影響を受けていくことになった。比較的制度内容が遅れた国であれば、当然ながら制度の改善へ働きかけていく方向に進んでいくのが自然の流れであった。つまり、連携を強化すればするほど、欧州全体での社会保障の水準がより高い国に引っ張られて高い水準に統合していくことに作用していった。

2　人の国際移動への社会保障の対応

欧州は古くから多様な民族が存在し、人が頻繁に国境を越えて移動する社会である。現在でも、欧州以上に人が自由に国境を越えて移動できる地域はない。欧州全体の利益に貢献するために、国境を越えた社会保障政策が展開されてきた。二国間の社会保障協定に始まり、多国間の社会保障協定まで、多様な展開があった。欧州評議会の社会保障政策も、ＥＵの社会保障政策も、広く欧州レベルで人の国際移動を促進させる役割を担ってきた。

人の自由移動による欧州全体の活性化に、両機関が大きく貢献してきた。その成果は高く評価できる。当初は、人の自由移動を阻害しないようにすることを目指して社会保障の「整合化」が展開してきた。つまり、社会保障制度における外国人への制度適用上の諸問題から、人の国際移動を抑制してしまうことのないようにすることが、当初の社会保障政策の目的であった。

しかし、こうした消極的な意味合いを超えて、現段階ではより積極的に人の移動を促進する要素になっていると思われる。つまり、社会保障に限らず、国境を越えて移動することによる特定の不都合や損失がないため、積極的に国外に出ていこうとする傾向である。もはや、国内のみで就職活動を行う必要がなくなり、広く少しでも有利なところでの就職が目指されるようになった。国境を越えることも当然の選択肢に加わった。

国外に出ることによって生じる損失がなくなるというだけでなく、場合によっては何らかの便益に預かる場合も指摘されている。例えば、進出した国の社会保障制度が平等に適用される。母国より社会保障が充実している国へ移住した場合、より良い社会保障制度を享受することになる。それだけでなく、最低保証制度や特定の保護制度のお陰で、通常の場合より過重に受給できることもある。例えば、最低年金保証制度では、条件に応じて当該国の年金が拠出期間が短いため低額となった場合、最低限度額が保証されることがある。つまり、負担した保険料より多くの受給額となることがある。

経済情勢は国によって異なり、失業率も近隣諸国間でもかなり異なる。失業率の高い国の市民が、隣国に雇用機会を求めて移動することは自然の流れである。労働者の自由移動は、欧州ではかなりの程度定着してきている。職業資格や資格養成過程の統合化、職業紹介サービスの広域化も並行して進められてきた。

世界経済を見渡すまでもなく、経済はますますグローバル化してきている。自由貿易のさらなる促進は、世界に共通する方向である。世界的に普及しつつあるＥＰＡは人の国境を越えた移動を含むものである。人の国際移動が今後さらに活発になっていくことは誰もが予想するところである。したがって、欧州の社会保障政策の実績は、世界中の今後の目指すべきモデルになるだろう。

3　社会保障の国際関係論

社会保障は、国内政策の一環として発展してきた。しかし、その国内政策も次第に国際的な意義を持つようになってきた。さらに、もはや、国際社会から大きな影響を受けながら、国内政策も展開されている。国内政策とは言えど、もはや国内で完結しない時代になっている。

これまで福祉国家の研究は、国際比較研究の一環として展開されてきた。その基本的な理解は、各国の国内社会保障制度の比較であった。本書が強調したいのは、各国社会保障間の相互関係である。欧州各国は社会保障を自由に運営する自治権を持つが、欧州レベルの法律に拘束される部分も少なくない。

本書で紹介したEUや欧州評議会の社会保障政策は、社会保障の国際関係論の典型事例に当たると考えている。もはや、社会保障は国内問題の一環としては収まりきれなくなってきている。国境を自由に越えて移動する市民のために、周辺各国間で、共通する社会保障の規則を準備しておく必要がある。欧州評議会とEUはその実践経験を元に、法体系を整備してきた。欧州では、すでに社会保障の国際関係論が展開されてきたと評価できる。

多くの判例を元に、関係する法律は進化を遂げてきた。「欧州社会保障法」と称されるものである。世界中で、このような国際的な社会保障法が確立され、実践されている地域は他には存在しない。そして、近い将来は、グローバル化がより一層世界中に浸透し、多くの地域で「欧州社会保障法」と同様の試みが普及していくことになるだろう。

南アメリカ大陸諸国ではすでに旧スペイン植民地国間で社会保障の取り扱いに関する多国間協定が出来上がっている。アメリカは早くからカナダと社会保障協定があり、逆にメキシコとも二国間協定を締結している。東南アジアやアフリカ等、周辺地域連合で社会保障協定を締結することになっていくだろう。

人の移動に限らず、経済社会のグローバル化は社会保障のグローバル化にも影響する。世界同時不況が支配的になっているが、経済情勢は各国ともお互いに影響し合っている。社会保障の環境も極めて接近化している。したがって、社会保障政策にとっても、社会背景の均質化に伴い、同様の政策に向かう傾向にある。

社会保障政策の動向を見ても、ほぼ同じ時期にほぼ同じような政策を展開しつつあるといえよう。まして、欧州においては、EUや欧州評議会の影響も重なり、ますます同様の政策に向かいつつある。周辺諸国の社会保障は、当該国の社会保障にも影響を及ぼす。社会保障の国際関係論を主張する所以である。

ＩＬＯは世界中の国々に社会保障を普及させようと活動をしてきたが、長い活動にもかかわらず著しい成果はあがっていない。他方、欧州においては、欧州評議会とＥＵは顕著な成果を上げたと言えよう。広く欧州全体で、水準の高い社会保障の成立に大きく貢献したのが、両組織であった。

社会保障の国際関係論として強調したいのは、各国の国内の社会保障への影響である。各国間の調整レベルだけでなく、各国の社会保障の内容に直接大きく貢献していった現実がある。欧州評議会やＥＵという組織の活動を通して、各国は多かれ少なかれ、国内の社会保障の修正を行ってきた。

ＥＵのようにＥＵ法が成立した場合は、国内法の改正を余儀なくされて、ＥＵ法に従わなければならない。各国の条約や協定の批准に委ねられている場合でも、各国は最終的には法律に従うように誘導される。欧州レベルで比較的後発の社会保障制度を維持している国にあっては、欧州レベルの基準に追いつくように国内法の改善をしていくことになるのが一般的である。

近隣諸国がレベルの高い福祉国家であれば、欧州評議会やＥＵの活動によって、後発の国々も引き上げらる圧力にさらされる。もとより欧州評議会やＥＵが組織的な目標として掲げてきたテーマであるが、欧州全体の活性化と統合に貢献するものである。

ＩＬＯや国際連合も各領域で条約や勧告を発し、国際社会に働きかけているが、欧州の場合のように実効力をもって機能している事例はないものと思われる。ＩＬＯの活動を見ても、国際基準を批准する国の数は長期にわたって増えてはいない。欧州評議会の同様の条約では、批准国が増えている。明らかにその効果が確認できる状態にある。

多くの欧州諸国が、ＥＵや欧州評議会の政策によって水準の高い福祉国家に発展していったといえる。両機関がなかったら、欧州は今のように高いレベルで統一的な福祉国家に至っていなかったし、一部で先進の福祉国家と他方で比較的福祉の遅れた国々との格差が残されていたであろう。つまり、ＥＵと欧州評議会の一番の貢献は、比較的福祉の遅れていた欧州諸国における社会保障の発展に大きな効果を発揮したことと考えられる。そして、欧州全体でより進んだ福祉社会の構築に貢献したといえよう。

関連論文初出一覧

［1］アダムス、L. H. J. と共著「EC統合と社会保障」『経済論集』（大分大学）、四二(五)、一九九一年、一三一―四九頁。

［2］「一九九三年以降のEC社会保障のシナリオ」『海外労働情報月報』四五〇（一月号）、一九九一年、一〇―二四頁。

［3］「EC統合における社会保障関連領域」『海外社会保情報』九八（春号）、一九九二年、二五―三二頁。

［4］（翻訳）ヴァン・ランゲンドンク、J. 著「一九九二年欧州統合と社会保障社会保障研究所」『海外社会保障情報』九八（春号）、一九九二年、一一―一七頁。

［5］「欧州における社会保険の民営化」『総合社会保障』五月号、一九九二年、五二―五七頁、六月号、五八―六二頁。

［6］「EC社会保障政策の現段階」『季刊社会保障研究』二八(二)（夏号）、一九九二年、一三四―四二頁。

［7］「補足給付制度の発展と社会保険の民営化：EC諸国の事例から」『保険学雑誌』五四四、一九九四年、一―一八頁。

［8］「EC統合と補足給付制度の発展」『信託研究奨励金論文集』一五、一九九四年、一一九―三〇頁。

［9］「失業保険制度の国際比較：EU加盟国の事例から」『経済論集』（大分大学）、四七(四)、一九九五年、一二六―四四頁。

［10］「EUにおける補足給付制度の国際的調整：社会保障と民間保険の狭間で」『人文・社会科学論集』（東洋英和女学院大学）、一三、一九九八年、六九―八六頁。

[11]「EUにおける高齢者政策と加盟国の状況：年金制度と失業給付を中心にして」、高年齢者雇用開発協会編『定年退職者等の就業と生活実態に関する調査研究報告書』、一九九九年、二一―三五頁。
[12]『欧州統合と社会保障：労働者の国際移動と社会保障の調整』ミネルヴァ書房、一九九九年。
[13]（翻訳）ヴァン・ランゲンドンク著、「社会保障と欧州統合」『海外社会保障研究』一二八、一九九九年、三―一四頁。
[14]「EUの医療保障政策」『海外社会保障研究』一二八、一九九九年、五二―六一頁。
[15]「EUにおける失業保険制度の『整合化』」、日本保険学会『保険学雑誌』第五六七号、一九九九年一二月、一―一六頁。
[16]「地域連合（EU）」、仲村優一・阿部志朗・一番ヶ瀬康子編『世界の社会福祉年鑑二〇〇一』旬報社、二〇〇一年、五一五―二八頁。
[17]（共著）「EUの高齢者雇用政策」（笹島芳雄・スコット‐デービス・根本孝・馬越恵美子・松宮道子・藤本隆史との共著）、『諸外国における高齢者の就業形態の実情に関する調査研究報告書Ⅰ』高年齢者雇用開発協会、二〇〇三年、一六九―八六頁。
[18]「企業年金の新たな時代：EU企業年金『指令』をめぐって」『企業年金』三月号、二〇〇五年、二〇―二三頁。
[19]「EUにおける企業年金の新たな展開：二〇〇三年企業年金『指令』を中心に」『海外社会保障研究』一五一、五二―六二頁。
[20]「リスボン会議後のEU社会保障政策」『研究所年報』（明治学院大学社会学部付属研究所）、三七、二〇〇七年、三三―四四頁。
[21]「EUにおける介護・看護専門職の養成と就業」『季刊　社会保障研究』一八六、二〇〇九年、二四九―五七頁。
[22]「医療保障をめぐる国際的連携：EUの『欧州健康保険カード』を中心に」『社会学・社会福祉学研

究』（明治学院大学）、一三九、二〇一三年、七五―七八頁。

［23］「国際社会保障協定における『整合化』に関する一考察：雇用国主義と出身国主義をめぐって」『社会学・社会福祉学研究』（明治学院大学）、一四〇、二〇一三年、一〇五―一二五頁。

［24］「欧州評議会」、宇佐見耕一・小谷眞男・後藤玲子・原島博編『世界の社会福祉年鑑二〇一三』旬報社、二〇一三年、四三五―四五頁。

［25］「欧州評議会の社会保障政策――基本構造と評価――」、『研究所年報』（明治学院大学）、四四、二〇一四年、五七―六八頁。

［26］「ＥＵにおける介護労働者の養成」連合総研レポート『ＤＩＯ』二九四（六月号）、二〇一四年、四―七頁。

参考文献

Adnett, N. [2005] *The European Social Model,* Cheltenham, U. K.: Edward Elgar.

Adnett, N. and S. Hardy [2005] *The European Social Model,* Cheltenham: Edward Elgar.

Bommes, M., and A. Geddes [2000] *Immigration and Welfare,* London; New York: Routledge.

Bourrinet, J. and D. Nazet-Allouche [2002] *Union Européenne et protection sociale,* Paris: La Documentation Française.

Brine, J. [2002] *The European Social Fund and the EU,* London: Sheffield Academic Press.

Cousins, M. [2005] *European Welfare States: comparative perspectives,* London; Thousand Oaks, Calif.: SAGE.

Committee of Experts for the Application of the European Convention on Social Security [1998] "Model Provisions for a Bilateral Social Security Agreement and Explanatory Report," Council of Europe.

Council of Europe [1996] *The European Social Charter,* Strasbourg: Council of Europe.

——— [2000] *Social Protection in the European Social Charter,* Strasbourg: Council of Europe Publishing.

——— [2004] *Co-ordination of Social Security in the Council of Europe,* Strasbourg: Council of Europe Publishing.

——— [2005] *Social Security: a factor of social cohesion,* Strasbourg: Council of Europe Publishing.

——— [2007] Committee of Experts on Social Security, Strasbourg.

——— [2010] MISSCEO INFO 2010: Overview of Recent Trends and Development in Social Security.

——— [2010] *European Convention on Human Rights,* Council of Europe treaty Series, No. 5., Strasbourg: Council of Europe Publishing.

——— [2011] *Science and technique of democracy; The participation of minorities in public life,* Council of Europe Publishing.

——— [2011] *Human rights in Europe: no grounds for complacency,* Council of Europe Publishing.

——— [2012] Trends in social cohesion, No. 25; Redefining and combating poverty, Council of Europe Publishing.

——— [2012] Fostering social mobility as a contribution to social cohesion, Council of Europe Publishing.

de Beco, G. ed. [2012] Human rights mechanisms of the Council of Europe, Routledge

de Burca, G. ed. [2005] *EU Law and the Welfare State: in search of Solidarity,* Oxford: Oxford University Press.

Dumont, J.-P. [1993] *Les systemes de protection sociale en Europe,* Economica.

European Commission [2004] Report of the High Level Group on the future of social policy in an enlarged European Union.

——— [2004] *The Community Provisions Social Security,* European Commission.

——— [2005] *The Social Agenda 2005-2010,* European Commission.

——— [2005] *Social Agenda: A Europe for All,* European Commission.

——— [2005] "Confronting demographic change: a solidarity between the generations," GREEN PAPER.

——— [2005] *Equality and nondiscrimination: annual report 2005,* Luxembourg: Office for Official Publications of the European Communities.

Euzeby, C. et J. Reysz [2011] *La dynamique de la protection sociale en Europe,* Grenoble: Presses universitaires de Grenoble.

Heredero, A. G. [2007] *Social Security as A Human Right,* Strasbourg: Council of Europe Publishing.

——— [2009] *Social Security: Protection at The International Level and Developments in Europe,* Strasbourg: Council of Europe Publishing.

Jaspers, A. Ph. C. M. and L. Betten eds. [1988] *25 Years European Social Charter,* Deventer: Kluwer.

Johnson, A. [2005] *European Welfare States and Supranational Governance of Social Policy,* Basingstoke: Palgrave Macmillan.

Johnson, N. [1999] *Mixed Economies of Welfare,* London; Tokyo: Prentice Hall Europe（山本惠子・村上真・永井真也訳『グローバリゼーションと福祉国家の変容』法律文化社，2002年）.

Jorens, Y. ed. [2003] *Open Method of Coordination,* Baden-Baden: Nomos Verlagsge-

sellshaft.

Kaim-Caudle, P. R. [1973] *Comparative Social Policy and Social security,* New York: Dunellen（安積鋭二訳『社会保障の国際比較』誠信書房，1978年）.

Kessler, F. et J-P. Lhernould [2003] *Code annote europeen de la protection sociale,* Group Revue Diduciaire.

Nickless, J. [2002] *European Code of Social Security,* Strasbourg: Council of Europe Publishing.

Pennings, F. [1998] *Introduction to European Social Security Law,* Deventer: Kluwer.

——— [2003] *Introduction to European Social Security Law 4th ed.,* Intersentia.

Pestieau, P. [2006] The Welfare State in the European Union, Oxford: Oxford University Press.

Pieters, D. [1990] *Introduction into the Social security Law of the Member States of the European Community,* Bruylant/Maklu Uitgevers.

——— [2000] *International Impact upon Social Security,* London: Kluwer Law International.

Porte, C. and P. Pochet eds. [2002] *Building Social Europe through the Open Method of Coordination,* Bruxelles: P. I. E.-Peter Lang.

Salama, P. [2011] *Migrants and fighting discrimination in Europe,* Strasbourg: Council of Europe Publishing.

Zeitin, J. and P. Pochet eds. [2005] *The Open Method of Co-ordination in Action,* Bruxelles: P. I. E.-Peter Lang.

van Berkel, R. and I. H. Møller, I. H. [2002] *Active Social Policies in the EU,* Bristol: Policy Press.

Vaughan-Whitehead, D. C. [2003] *EU Enlargement versus Social Europe ?,* Edward Elgar, Cheltenham: E. Elgar.

〈邦文献〉

岡伸一［1999］『欧州統合と社会保障』ミネルヴァ書房.

———［2005］『国際社会保障論』学文社.

———［2012］『グローバル化時代の社会保障』創成社.

川口美貴［1999］『国際社会法の研究』信山社.

佐藤進［1993］『EC の社会政策の現状と課題』全労済協会.

———［2006］『EU 社会政策の展開』法律文化社.

恒川謙司［1992］『ソーシャルヨーロッパの建設』日本労働研究機構.
平石長久・保坂哲哉・上村政彦［1976］『欧米の社会保障制度』東洋経済新報社.
前田充康［1998］『EU 拡大と労働問題』日本労働研究機構.

《著者紹介》

岡　伸一（おか　しんいち　エミール）

明治学院大学社会学部教授，専門は社会保障論

1957年　埼玉県生まれ

1980年　立教大学経済学部卒業

1983年　早稲田大学大学院商学研究科博士前期課程修了

1986年　ルーヴァンカトリック大学法学部社会法研究所研究員

1988年　ルーヴァンカトリック大学 Ph. D.（法学博士）

1989年　早稲田大学大学院商学研究科博士後期課程単位取得退学
　　　　大分大学経済学部助教授

1996年　早稲田大学商学博士号取得，大分大学教授

1997年　東洋英和女学院大学人間科学部教授

2002年　明治学院大学社会学部社会福祉学科教授

《主な著書》

『欧州統合と社会保障』ミネルヴァ書房（1999年）．

『失業保障制度の国際比較』学文社（2004年）．

『国際社会保障論』学文社（2005年）．

『損得で考える20歳からの年金』旬報社（2011年）．

『グローバル化時代の社会保障』創成社（2012年）．

『新社会保障ハンドブック』学文社（2014年）．

欧州社会保障政策論
——社会保障の国際関係論——

2016年３月30日　初版第１刷発行

＊定価はカバーに
表示してあります

著者の了
解により
検印省略

著　者　岡　　伸　一©

発行者　川　東　義　武

印刷者　江　戸　孝　典

発行所　株式会社　晃　洋　書　房

〒615-0026　京都市右京区西院北矢掛町７番地

電話　075(312)0788番(代)

振替口座　01040-6-32280

ISBN978-4-7710-2737-4

印刷　㈱エーシーティー

製本　㈱兼　文　堂